传承经典 融入现代

柴松岳 丙戌年初春

●本书献给关心、支持杭州老字号发展的社会各界人士●

◎杭州老字号系列丛书◎

百货篇

□赵大川 著 □杭州老字号企业协会 □杭州老字号丛书编辑委员会

□丛书主编 吴德隆

浙江大学出版社

ZHEJIANG UNIVERSITY PRESS

序　言

"**东**南形胜，三吴都会，钱塘自古繁华。"杭州有8000年前的跨湖桥文化、2200多年的建城历史，是国务院首批命名的国家历史文化名城，也是"中国七大古都之一"。

在杭州城市的发展演进中，有一批与这座城市水乳交融、不可分割的历史文化遗产，有一群演绎了一段段美丽动人、可歌可泣传奇故事的知名自主品牌，这就是"老字号"。这些有着几十年甚至上百年历史的"老字号"，蕴涵着丰富的文化积淀，承载着厚重的历史传统。它们在历史长河、传统文化的孕育和洗礼中生成、发展、传承、创新，谱写着开拓者筚路蓝缕的创业诗篇，演奏着承继者与时俱进的创新乐章，诠释着先贤达人诚信公平的经营之道。它们是杭州这座城市的"胎记"和"名片"，也是杭州这座城市的"根"与"魂"。

"老字号"是经济和文化的结晶。它们既具有经济价值，更具有文化价值。"江南药王"胡庆余堂、"剪刀之冠"张小泉、"杭菜一绝"楼外楼、"闻香下马"知味观……一家家"老字号"，凭借别具一格的绝活技艺、独树一帜的经营理念，打造了经久不衰的名店名号，成为杭州工商业发展史的参与者和见证者。与此同时，这些"老字号"又以其悠久的历史、厚重的文化承担起历史文化承载者和体现者的使命，成为杭州地域特色及文化传统的表征与注脚。如果从历史和文化演进的时空背景来衡量"老字号"，它们本质上是一种文化形态，是江南地域文化在杭州工商业领域的经典范例和有形载体。

"老字号"是传承与创新的典范。传承谋生存，创新图发展，是"老字号"永续经营、青春永驻的成功秘诀。在杭州，"老字号"凤凰涅磐般与时俱进、重获新生的故事不胜枚举：胡庆余堂传承人冯根生禀承祖辈诚信之遗训谱就"戒欺"新篇章；"王星记扇子"承继百载依旧清风播翰香；"楼外楼"、"知味观"以其传承与创新的完美结合门庭若如市、闻香竞停车……

"老字号"既是一份厚重的物质文化遗产和非物质文化遗产，也是一份宝贵的文化传统和精神财富。传承"老字号"的传统技艺，保护"老字号"的金字招牌，弘扬"老字号"的特色文化，推动"老字号"的创新发展，杭州市委、市政府责无旁贷，当代杭州人责无旁贷。《杭州老字号系列丛书》向我们全面展示了杭州的百年品牌、商业文化和人文风情，向我们讲述了一个个创业创新的感人故事，也使我们进一步增强了保护好、传承好、发展好杭州"老字号"的责任感和紧迫感。我们一定要下最大决心、花最大力气、出最优政策，把杭州"老字号"保护好、传承好、发展好，使之真正成为城市的"金名片"、人民的"摇钱树"。

是为序。

王国平　中国共产党浙江省委员会常委，中国共产党杭州市委员会书记，杭州市人民代表大会常务委员会主任

2008年2月26日于杭州

序 言 二

杭州是国内外著名的大古都。上世纪80年代以后，由于不少在历史文化上获有声名的城市，都有争取成为"古都"甚至"大古都"的愿望，因此，我主编《中国都城词典》（江西教育出版社1999年出版），词条中把"古都"和"大古都"做了明确的解释：所谓"古都"，第一是历史上曾经成为一个独立政权的首都；第二是可以称为古都的现代城市，在地理位置上是与当年的古都重合，或部分重合。所谓"大古都"，就是历史上公认的传统王朝的首都，上起夏、商、周、秦、汉、晋，下至隋、唐、宋、元、明、清，都是中国历史上公认的传统王朝。这中间，晋室曾经东渡，但西晋、东晋原是一晋；宋朝虽然南迁，但北宋、南宋都是一宋。杭州从吴越宝正元年（926）成为吴越国的首都，从此就进入"古都"之列。从绍兴八年（1138）成为南宋的"行在所"，实际上的首都，从此就成为"大古都"。

关于杭州这座城市被列为"大古都"的事，是我亲身所经历的。1980年春天，"文革"结束之后不久，我们见到由王恢编著、台北学生书局1976年出版的《中国五大古都》（西安、北京、洛阳、开封、南京），大陆也拟编一本，有关方面嘱我主事。当时我想杭州毕竟是南宋的"行在所"，虽然半壁江山，但还算作是一个正统王朝。现在由我主编而仍称"五都"，这使我有愧于杭州。所以1983年4月由中国青年出版社出版的《中国六大古都》便有了杭州。当年我还带了这本书100册赴日本讲学分赠东瀛友好。后来流入台湾。台湾锦绣出版社骤见《六都》，如获至宝，便筹划出版《雄都耀光华：中国六大古都》，内容当然参照我们大陆的《六都》，但它是大16开本，由溥杰题字，卷首请我做序，且照片全为彩色，装帧极为精美，其中《杭州》开首的小标题"从海湾、泻湖到西湖"就是我的原话。此书于1989年出版（1989年大陆又有《中国七大古都》电视片，向国庆四十周年献礼，增加了河南安阳），获得很好的反响，一再重版。

我的老家是绍兴，但在杭州工作了五十多年，而且至今虽届耄耋之年，离期颐之年也已不远，但仍在职（应国务院之聘为终身教授），所以对这个城市的热爱当然是不言而喻的。在这些年里，是我第一次把杭州作为大古都落实于正式出版的书中。

南宋定都杭州以后，都城随即繁荣，而首先就是人口剧增。据美国著名汉学家施坚雅（G.W.Skinner）在其名著《中华帝国晚期的城市》（中译本，叶光庭等译，陈桥驿校，中华书局2000年出版）书中对几个"大古都"的人口统计：八世纪的长安（今西安）人口达一百万；北宋的东京（今开封），在其最后年代，人口为八十五万；南宋的临安（今杭州），在其最后年代，人口为一百二十万。杭州是人口最早攀登高峰的"大古都"。与人口增加同时出现的，当然就是商业繁荣。当时的杭州，商铺林立，生意兴隆。据南宋当代人吴自牧所撰的《梦粱录》卷十六中所记，杭州的商铺，主要可分"茶肆、酒肆、分茶酒店、面食店、荤素从食店、米铺、肉铺、鲞铺"八大类。有的商铺规模很大，象"分茶酒店"（相当于今酒菜馆）中有各类菜肴三百多种；"荤素从食店"（相当于今糖果店）中有各种点心一百二十多种；"鲞铺"（相当于今海味店）有各种鱼鲞海味六十八种。随着商业繁荣，必然出现商业竞争。许多商铺之中，兴衰交替，自属常事。而其中管理有方、经营得法的，就能在同行中独占鳌头，并且长期兴隆，这样的商铺，就是当时的老字号。以"酒肆"为例，在《梦粱录》中，象中瓦子前的武林园，南瓦子的熙春楼，都是著名的老字号。

"老字号"是商业领域中的一种重要事物。在各行各业中，"老字号"的数量众多和持续长久，这不仅是商业兴隆的标志，在某种意义上，也是经济繁荣和生意发展的标志。从《梦粱录》时代到今天，为时已近千年，杭州仍然是一个商业繁荣、"老字号"林立的城市，这确实是值得令人高兴的，同时，也让我们意识到对"老字号"宣传和保护的重要。

作为一个在杭州居住了半个多世纪的人，引以为豪的是，在2006年商务部重新认定的第一批420家"中华老字号"中，杭州占了相当的比例。50年前的世界500强，现在70％已经被淘汰出局，但是世界500强排名在前的百年历史的公司却一直表现很优秀。从英国《金融时报》和普华会计事务所联

合进行的世界最受尊重的公司排行榜，可以看
出这种趋势。它们的宝贵经验是把继承创新看
作是基业常青的保证。这套《杭州老字号系列
丛书》的编纂出版，便是老字号创新发展的一
种精彩展示。内容详实、记叙简洁、图照精
美、版式新颖是它的显著特点。尤其可贵的是
它的创业理念与理财方略、经营招数，至今仍
可借鉴和采用。 这是一宗巨大的文化遗产与精
神财富，不仅具有保护、弘扬的价值，而且还
具振兴、利用和在此基础上创新、发展的意
义。谨以此小序聊表贺忱。

陈桥驿 浙江大学终身教授、著名历
史地理学家。任中国地理学会历史地
理专业委员会主任，国际地理学会历
史地理专业委员会咨询委员，日本关
西大学、大阪大学、广岛大学客座教
授。国务院授予的"为发展我国高等
教育事业作出突出贡献"的著名专
家，在中国乃至世界地理学界享有崇
高声誉。

陈桥驿

2007年11月29日于浙江大学

写 在 前 面

"**钱**塘自古繁华"，杭州商业历史悠久。这里人杰地灵、物华天宝，能工巧匠云集、传统名产丰盛、名点佳肴繁多，一大批老字号应运而生。《杭州老字号系列丛书》，正是为了对杭州老字号整个过去和今天做番回顾与梳理，先从城区着手，再视条件许可逐步扩大到各区、县（市）。

杭州老字号历经沧桑，有过骄人辉煌，也有过坎坷曲折……可以说，老字号见证了杭州城市工商业历史的发展，是历史留给我们宝贵的文化遗产和丰厚的物质财富，也是中华民族工商业的瑰宝。张小泉、王星记、都锦生、高义泰、胡庆余堂、孔凤春、楼外楼、知味观……杭州老字号都有属于自己独特的鲜明特征。像胡庆余堂、方回春堂和张同泰药号，其建筑气势恢宏，完整地保留了当年明清建筑的原形态，这在全国也是罕见的。老字号以其独特的文化基因，传承着杭州这座历史文化名城的人文脉搏，犹如一颗颗熠熠发光的明珠，把西湖装点得更加灿烂。

这套丛书作者以极大的热情，经过广泛挖掘、搜索、整理，比较系统地介绍了杭州老字号的峥嵘岁月和辉煌历程，本意在于追溯老字号的渊源，发掘老字号的创业历程，讲述老字号操守百年的诚信经营之道，使大家获得对杭州老字号的理性认识和形象化体验。这里有鲜为人知的历史故事，更有首次披露弥足珍贵的历史老照片。在叙述方式上，不求体例一致、形式统一、辞章华丽，但求史料详实、自得一见，文字明畅、图文并茂。这套丛书既是对昨天的总结和传承，更是对今天的鞭策、对明天的引领。

最后要说明一点：所谓"老字号"，本来是指具有50年以上历史的商业老字号，但因过去的商业老字号大多是"前店后坊"的模式，生产、营销同时并举，颇具现代概念中的"企业"性质。所以我们这里，也包括一些有影响的，特别是品质优良，经营有方和信誉卓越的一些企事业、单位与部门，其中不乏外来而在杭州开花结果者。这对于全面了解杭州社会的经济发展、各行各业特别是关乎于民众生活的林林总总，都是会有帮助的。

吴德隆 曾任共青团杭州市委书记、中共杭州江干区委副书记、杭州市下城区委书记、杭州市贸易办主任、杭州市贸易局局长。
现任杭州市商业总会会长。

2007年6月18日于丁亥年初夏

目 录

HANGZHOU 百货篇 BUSINESS

杭州老字号系列丛书

百货篇

◎杭城闹市与老字号的发端◎

壹

杭城闹市与老字号的发端

人类总是汲水而居。一个伟大城市的演变，总是和涛涛大河、浩淼湖泊联系在一起。杭州的历史传承，最早可以追溯至钱塘江畔湘湖边8000年前善捕鱼、会耕作的跨湖桥文化，茗溪边5000年前以玉器黑陶而闻名于世的"文明的曙光"——良渚文化。杭州人足以骄傲，五千年前的"中华第一城"已有了杭州街市的雏型，数千年的逐渐演变，杭州有了精细的工艺制作，繁多的各种家庭作坊，物物交换的街市。

　　史载，秦王政二十五年（公元前222），秦灭楚降越后，于吴越故地设会稽郡，下辖钱唐县的钱唐县治，也即秦汉杭州闹市。秦汉钱唐县治，多数学者以《水经注》所载"浙江又东经灵隐山，山下有钱唐故县，浙江迳其南"，又《太平寰宇记》之刘道真《钱唐记》所载"昔一境逼近江流，县在灵（隐）山下，至今基地犹在"为据。两条文献认为，秦汉钱唐县治在"今西湖以西，北至岳坟西去灵隐一带"。也就是说，秦汉杭州的闹市在西湖北边，岳坟至灵隐一带。

　　隋开皇九年（589）废钱唐郡，置杭州，此为杭州城市名称之始。杭州初治余杭县，即今余杭镇，"十年，移居钱塘城"，即今吴山东麓鼓楼的"新城戍"。十一年，"移州于柳浦西，依山筑城"。直至唐贞观六年（632），杭州州治在柳浦，即今闸口、南星桥一带，遂成为隋唐杭州闹市。

　　五代十国时期中国一统局面再次分裂，地处两浙、都治杭州的吴越国，国狭势弱，三面受敌，但开国君主钱镠能审时度势，采取"保境安民"的基本国策，使两浙较为安定，人民稍享安乐。吴越国沿袭隋唐以来杭州"南宫北城"的城市基本格局，选择城南山麓依山面江，将隋唐州治扩建成宫城，而市井民居在城北。这种城市格局形成了南宋临安京城的基础，而从鼓楼沿中山路的杭城闹市中轴线，直至20世纪70年代，千年以来未曾大变。

　　下页有一幅杭州保佑坊大街元泰绸缎布庄大幅包装纸中的街景图。图中元泰绸缎布庄六开间三层楼洋房壮观体面，店屋的七根廊墙柱上写着经营的各种物品，门楼上首题"元泰"大字，顶房飘扬"元泰"大旗。非常可贵的是店旗下，门楼上镌刻着"1928"字样，表明是1927年拓展中山路后建造的。店屋内人头攒动，店屋外顾客熙熙攘攘，坐汽车的、乘黄包车的、步行的，戴礼貌的绅士，穿旗袍留长辫的情女……

南宋《都城江胜·市井》记载杭城闹市：

自大内和宁门外，新路南北，早间珠玉及花果，时新海鲜、野味、奇器，

■左 元泰绸布庄的广告纸，用画笔记录了杭州闹市中心中山保佑坊的街景
■右 王子云作《杭州之雨》，描绘的是"清明时节雨纷纷"时的杭州闹市

天下所无者，悉集于此，以至朝天门、清河坊、中瓦前、灞头、官巷口、棚心、众安桥，食物店铺、人烟浩穰。其夜市除大内前外，诸处亦然，惟中瓦前最胜，扑卖奇巧器皿、百色物件，与日间无异。其余坊巷市井，买卖关扑，酒楼歌馆，直到四鼓后方静；而五鼓朝马将动，其有赶卖早市者复起开张，无论四时皆然。

南宋吴自牧《梦粱录·团行》对南宋杭州街市、商家行当，也就是千年前的杭州老字号，也有描述：有名"行"者，如官巷方梳行、销金行、冠子行、城北鱼行、城东蟹行、姜行、菱行、北猪行、候潮门外南猪行、南土北土门菜行、坝子桥鲜鱼行、横河头布行、鸡鹅行。更有名为"市"者，如炭桥药市、官巷花市、南坊珠子市、修义坊肉市、城北米市……其他工役之人，或名为"作"者，如碾玉作、钻卷作、篦刀作、腰带作、金银打钑作、裹贴作、铺翠

作、裱褙作、装銮作、油作、木作、砖瓦作、泥水作、石作、漆作、钉铰作、箍桶作、裁缝作、修番浇烛作、打纸作、冥器作等。又有异名"行"者，如买卖七宝者谓之骨董行、钻珠子者名曰散儿行、做靴鞋者名双线行、开浴堂者名香水行。

杭城真乃万物所聚，诸行百市之行都之处也。

民国时期南北走向的中山路与东西走向清河坊的交会处，即老杭州人称清河坊四拐角。东北角是糖食糕饼店藕馨斋，西北角是售腌腊火腿的万隆南肉火腿店，西南角即香粉老字号孔凤春，东南角是杭烟鼻祖宓大昌烟店。四拐角旧时车水马龙，行人熙攘，是老杭州的闹市，也是杭州老字号商家店庄的发端地。

四拐角西南的大井巷，是以张小泉近记为首的杭州刀剪业一条街；清河坊内高大巍峨的院墙，是胡庆余堂、叶种德堂等国药号；从四拐角迤南径鼓楼湾至南星桥，往北连绵数里的中山路上一幢幢四五层的洋房，每幢洋房除了商家店庄的行号外，还有醒目的商标和广告词。杭州老字号的茶庄翁隆盛、方正大、方福泰，绸缎庄万源、元泰、老大纶、大经，棉布庄高义泰、开泰、宏裕，著名的银行钱庄浙江省银行、浙江兴业银行、建业银行、通商银行，无不跻身其中，这些在丛书中都有专篇记述。而涉及本篇百货业的众多扇庄、刀剪、伞业、钟表、笔庄、香粉，乃至杭线、毛巾、鞋帽、杂货、腌腊、南北货、火柴局等，也多云集此地。清河坊和中山路闹市区的杭州老字号历经数百年艰苦创业，铸造名牌，把杭州名品推向了全国。

民国时期，杭州成立有百货业商业同业公会，帽业的张允升，鞋业的边福茂、广合顺，以销西湖毛巾著称的三友实业社及小吕宋等都名列其中。同业公会除供本市门售外，还向上海运销货品，向上江皖赣大量转运批发。同业公会设抚桥街，理事长为新兴百货店老板郭铭之。

旧时杭州百货商业有五杭之说，即"杭线、杭粉、杭烟、杭剪、杭扇"，盛极一时，名噪全国。

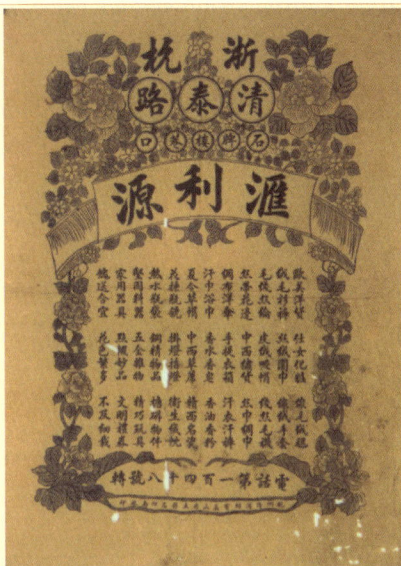

■左图　民国时期杭州柳翠井巷永泰
祥号华洋百货抄庄发票

■中上　杭州清泰路石牌楼巷口汇利
源百货店广告，各式品种应有尽有

■中下　清光绪三十四年（1875）创
设的杭州清和坊宜盛广货店，支店
设三元坊国货商场内第一商场，实
际是一家百货店

■右上　民国庚申年（1920）浙省弼
教坊程茂洋广苏杭京货发货票

　　杭州老字号的商业文化，是杭州"创文化名城"弥足珍贵的一部分。几十
年来，已经出版了很多有关杭州老字号的著作。在前人的基础上，笔者挖掘第
一手文字资料、照片、奖状、证章、实物，来凸现杭州老字号艰难创业、诚信
经营、打出品牌、驰骋市场的往事，则是新千年《杭州老字号系列丛书》的特
色。

HANGZHOU 百货篇 BUSINESS

◎百货服务篇◎

贰

杭州老字号系列丛书

百货篇

■20世纪30年代杭州闹市街景旧影，行人往来如梭，戴帽是那个年代的时尚。

■小酌，人人都戴瓜皮帽　　■坐黄包车的人　　　　　■戴瓜皮帽嬉戏的儿童

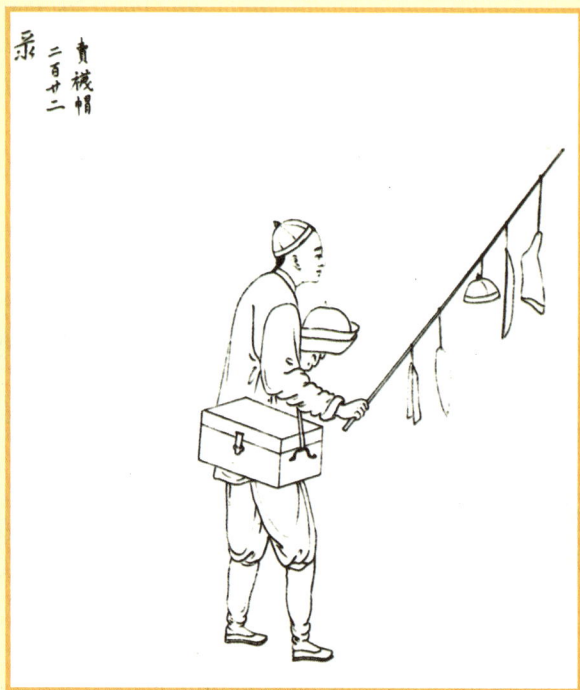

青袜帽
二百廿
二

录

○创建于清·乾隆年间○

张允升线帽百货庄

　　民国时期，杭城帽业有张允升、天章等三十余家。素以经营丝线、帽子著称的张允升线帽百货庄（张允升百货商店），开设在杭州清河坊四拐角东北角的商业闹市区，相传有两百多年历史，已三易主人。最兴旺的时期是在20世纪20年代末至30年代中期，当时拥有职工五十多人，全年营业额达七十多万元。设有制线、制帽两个工场，是名符其实的前店后场的商店。同时还和上海厂商挂钩，实行厂店联合，发展批发业务。它是当时杭州百货行业中职工人数最

杭州老字号系列丛书

百货篇

■这几幅民俗画，充分表现了晚清市井的"制帽"、"卖袜帽"和"卖绒线"的情况

多、营业额最大的一家百货商店。

晚清张允升的线帽业就盛誉杭城，丁立诚《武林市肆吟》有咏张允升线号诗，曰："龙洒如丝贡上方，鲜明首屈允升张。万家应得平原绣，终让吴姚两钱庄。"还有说明：线店首推张允升，其线作最大者，有吴姚两姓。还有咏女帽诗，曰："抹额珠明垂一颗，包头纱绉裹三重。何如时式昭君套，可是当年出塞容。"也有说明：女帽招牌时式君套，又有专卖清水绉纱者。

清末杭城往来客商云集，还有胶州毡帽客来寓仙林寺。又有诗曰："翦氄裁袜一片毡，裹头轻煖胜吴绵。齐东野语胶州客，都向仙林借一椽。"当时杭州袜业也很著名，丁立诚《武林市肆吟》诗曰："绫罗棉布制从同，袜线论才匪贱工。莫笑生涯纤细甚，居然插脚傍行宫。"还有说明：袜店列内行宫朝房者，牌标"内城朝袜"。

张允升自制丝线选材讲究。每到新丝上市季节，便派人到桐乡、长安、濮院等地采购制线原料。由于选料讲究，

杭州老字号系列丛书

百货篇

■这是1934年拍摄的清河坊四拐角东北角。图中杭州著名的糖食店"翡香斋"大幅招牌非常醒目，其北圆形大闹钟下"福尔摩斯"的香烟广告，闹钟上方"张允升线帽百货庄"招牌清晰可辨。

■帽店（20世纪30年代）

制作精细，因此生产出来的丝线、绣花线深得用户的喜爱。除在门市供应外，还批售于德清、湖州、安吉、孝丰、递铺、泗安、长兴等地。它的丝线在西湖博览会上得到外宾和华侨的喜爱，并获得博览会的优等奖状。产品远销到香港、马来西亚、新加坡等地。外销的品种主要是绣花绒线的肥口丝线，因为上述地方都是华侨集中地，华侨中大部分人信佛教，他们用肥口丝串念佛珠。

门市除绣花线供应绣花妇女外，主要是当时个体成衣铺中的裁缝师傅。他们往往拿着所做衣服的零布角料来店配丝线。为了做好这一生意，商店特地备有竹制长旱烟管一支，火盘一只，先给这些裁缝师傅递上一管烟，免得他们等着心焦；然后营业员可以按照他们的需要，慢慢地一根根数给他们，直到做好这笔生意。

丝线的制作全部都是手工操作。丝原料进来后，先按照丝的质量分出制作品种，然后发给个体络丝户；络好后，再发给打线作坊；打好后，分别按照需要的颜色交给染坊；染好后交给自己所设工场的理线师父，通过理别，最后才完工。

除丝线工场以外，张允升另有一个制帽工场，专制男式西瓜皮帽和女式乌

■张允升线帽百货庄专门精心绘制的大幅美女月份牌，原件长780毫米×宽530毫米

绒包帽、满头套女帽。做这一工作的工人，常年为2－3人，但每年中秋节后要临时增加3－4人。制帽工人都实行计件制，每到农历十月以后，这些制帽工人一般都主动地加夜班，到春节就回家，等到次年中秋节后再来工作。制作男式西瓜皮帽的主要原料是贡缎，产于南京；辅料则为红布、白布、蓝布。一个工人一般一天可制6顶。乌绒包帽用手工缝制，满头套女帽则用缝纫机制作。它们的主要原料为建绒、京绒、苏绒。除苏绒产于苏州外，京、建两绒都产于南京。张允升制作的丝线畅销于杭、嘉、湖一带。帽子则为金、衢、严的消费者所欢迎。张允升帽子闻名于世的主要原因，是用料讲究，精工细作。张允升还因为帽的花式众多而为顾客所称道。它夏有金丝草帽、拿破仑软木帽、大边遮阳草帽，冬有呢帽、紫羔土耳其皮帽、水貂皮帽、京建绒平顶帽、手工编织绒线女帽；还有小姐女士们喜爱的法兰西帽、压发帽，等等，儿童帽子就更多

■民国初年，绘有五色旗和十八星旗的张允升广告 ■张允升线帽百货庄"飞仙商标"广告

了。真所谓无帽不备，由此赢得了消费者的欢迎。

当时百货商品主要来源于上海。因此，该店在上海山东路211号设有申庄，派有专人采购百货商品。除此之外，该店还与上海家庭工业社生产的无敌牌牙粉、无敌牌牙膏、无敌牌蝶霜、花露水及上海英商锦华洋行的福桃牌木纱团、天津东西毛绒纺织厂生产的抵羊牌毛线绒实行厂店联合，作为全浙总经理处。在商店二楼设有专门办事处，并派有专人负责市内各店及省内各地推销业务。为了招徕生意，商店每年都要举行一两次大减价，每次大减价为期十天或半个月。在大减价期间，店主孙仲舒总要从上海返回杭州，观察在大减价期间的销售动态。商店在上海采购商品，都用银行或钱庄的本票付账，从来不用支票，以示"靠硬"。所以上海一般厂商都乐意和该店做生意，宁愿利薄一点。因为银行本票靠得住，不会吃枉账。提起这位店主孙仲舒，他颇有一套经营手法，抗日战争前他一人先后身任四职，即：张允升线帽百货庄经理，上海兴昌人造丝纱线号经理，英商斯尼亚洋行华方经理，上海市人造丝行业同业公会理事长。

抗日战争爆发，日机不时空袭杭州。城站、萧山等地遭到疯狂轰炸，杭城居民纷纷逃难。商店南迁至诸暨、兰溪、金华等地。张允升号也奉上海店主孙仲舒之命，将绝大部分商品用人力车拉

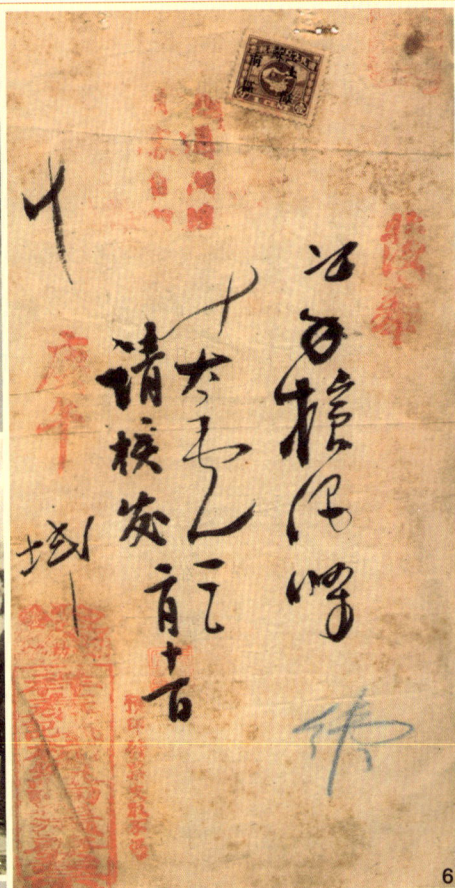

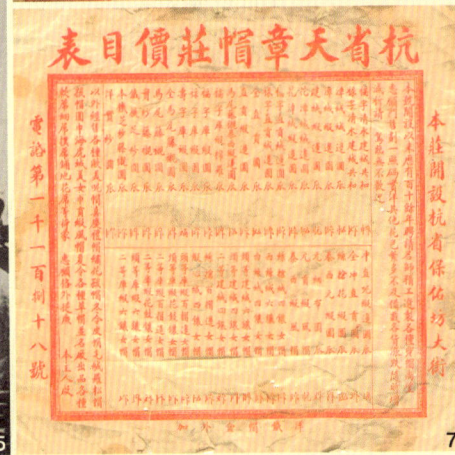

■1 戴白帽的姑娘（20世纪20年代）　■2 戴帽的倩女（20世纪20年代）　■3 街头所见，人人戴帽　■4 看西洋镜，有戴绒帽者，也有戴斗笠的苦力　■5 看西洋镜的人，头戴各式绒帽　■6 庚午年（1930）上海祥泰义记杭线局发票　■7 杭省天章帽庄价目表

至西兴，再用船运往孙仲舒的家乡——绍兴阳加龙。不久，杭州沦陷。大约过了半年多时间，一部分张允升职工，在征得孙仲舒的同意后，借用张允升的一小部分商品，在绍兴华舍镇开设了张允升临时营业处。当时的华舍镇虽有小上海之称，但毕竟是一个小镇，所以营业不振。于是店主孙仲舒要求有关人员在绍兴城里寻找营业店房。先在绍兴城内水澄桥边天成绸庄原址开张营业，后因该处房屋遭到敌机轰炸烧毁，又迁到陶泰生布店原址营业。迁到绍兴后，线、帽两个工场已停止生产，零售的线帽均系杭州搬去的；由于当时绍兴尚未沦陷，重庆方面需要大量物资，因此其百货从绍兴到金华，再从金华运往重庆。而张允升从上海采购到的商品，从上海运往宁波，再雇船从宁波运回绍兴。张允升由于在上海设有申庄的有利条件，因此对上海的价格涨跌时有电报往来，这样绍兴的百货市场基本上掌握在张允升手里。可惜好景不长，不到两年绍兴也沦陷了。

　　另一方面，杭州张允升也恢复

■戴帽的妇人（20世纪20年代）

020

■鞋帽摊（20世纪30年代）

　　了营业。开始时，只有一两人将尚未运走的一些剩余物品设摊营业。后来由于城市人口多起来，一部分逃难人员也纷纷回来，商店、工厂也大部分恢复，张允升也就正式扩大了营业，制线、制帽两个工场也相继恢复，直至抗战胜利。

　　抗战胜利后，张允升由一个店分为杭、绍两个店，杭州张允升减少了资金。由于店主孙仲舒病逝，绍兴张允升由其次子孙天声负责管理，杭州张允升由其长

■上图　张允升线帽百货庄"飞仙商标"广告
■下左　杭州张允升绒线洋货帽庄大幅广告，两侧有"杭城清和坊大街，自建四层楼洋房"，中为其商品介绍
■下右　杭州张允升广告，"推销中华国货，选办环球物品"

子孙洁如负责经营。解放后，绍兴张允升并入绍兴源头恒百货店，杭州张允升由于经营不善，在20世纪50年代初，于1956年公私合营。

至1946年，杭州市的丝线业除张允升等线庄兼营外，还有周森记、协新泰、昌记、刘正兴等为数不多的线号。因时代变迁，旧式瓜帽已趋落伍，杭州帽业冬令以运销呢帽、绒帽为多，夏令则自制草帽发卖，营业范围达至上江。还组织了设在和合桥的席帽商业同业公会，理事长为潘炳贤。另又成立由薛根泉发起的机制帽工艺业同业公会。

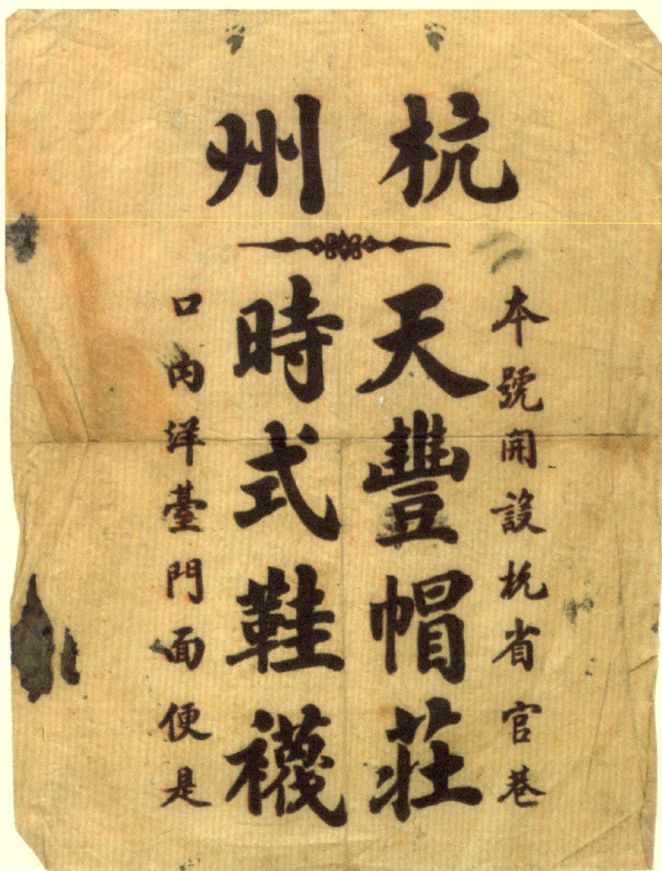

■杭州天丰帽庄包装广告

■ 重新开张的边福茂皮鞋店，镌刻有"1845"字样，距今已有160多年的历史

○创建于清·道光年间（1845）○

杭帮鞋业老大边福茂

鞋业也是旧时杭城一大产业。民国元年（1912），杭州共有鞋店16家，1931年增至292家，20年间增长17倍多。当时全业资本总额达18.4万元，从业人员1259人，营业总额139.4万元。当时的鞋有皮鞋、布鞋、钉鞋、胶底鞋、套鞋5种。1937年登记注册的规模较大的鞋店有140多家，其中生产皮鞋的有59家，以太昶、升昶、久大等较为出名，均开设在太平坊一带。其中太昶不仅做门市，且因包做军队的大帮生意而致富。另外，生产布鞋的72家，生产钉鞋的10家，生产胶底鞋的有1家。1946年，杭州市有148家鞋革店，还成立了设在吴山路的鞋革业同业公会，理事长为日新鞋店老板吴克昌。同时，另有设在龙翔里的革屦业职工会。

杭城布鞋以边福茂最为著名，旧时杭州有句很流行的话，叫做"头顶天，脚踏边"，指的就是"天章"的帽子、"边福茂"的鞋子。边福茂的成名靠的是精工选料，工艺细致，不断改进技术，持之以恒。

　　边福茂鞋店创始于清道光二十五年（1845），店主边春豪原籍诸暨，擅长制鞋手艺，勤劳认真。他在杭州下城长庆街五老巷口，一家茶店门口，设鞋摊做小本经营，取名"福茂"，专为顾客绱鞋、制鞋，兼卖一些自制的鞋子。由于制作认真，买卖公道，受到顾客的欢迎。经过一段时间，生意逐渐做大，其子边启昌跟随其父习艺，边启昌自小精明能干，善于理财，后又将茶店盘进，买下房屋，鞋摊变为鞋店。边启昌继承父业，悉心研究制鞋技术，提高质量。为迎合顾客需要，增加品种，深得顾客赞许，并将店名改为"福茂鞋店"。

　　辛亥革命后，福茂鞋店迁到上城太平坊闹市区。店面为双开间，门前额上塑以"万年青商标"，挂出招牌为"边福茂鞋庄"。前店后场，顾客一有质量问题，立马解决。店中有职工三四十人，还有外加工个体户。其时望江门一带的居民很多是做鞋帮的外加工，还专派收发人员负责管理，认真验收，一丝不苟。此后边福茂业务蒸蒸日上，每日门售可达一百余双，又在温州设立代销店，远在黑龙江及内蒙古的鞋店也慕名到杭州批购。

　　边福茂鞋店之所以能发迹，主要是由于家族式管理和有一班艰苦创业的人。他们共同协作，经营有方。店主边启昌掌握全权，财务由长子边宝生管理，学生边念六、边康生掌管发料、绱鞋、检验；边虎堂、王春源负责生产、经营，各司其职。同时，注重质量，选料认真，精工细作，货真价实，不以次充好，也不以廉价做广告。边启昌说："帮料要富庶，宁可少划（料）几双，不能影响质量、有损牌子。"要求丝绺不能歪歪斜斜，料子不能抖抖扯扯。对于绱鞋手艺，边启昌总结了"十字诀"，曰："宽蹬一字平，穷鞋富后跟"。就是绱鞋钳帮时，应按照鞋楦形状，做到脚尖部分宽紧平整，蹬部帮身略宽，腰部帮身紧凑，后跟部分帮身略为宽裕，依此法绱鞋必然舒适。这十字诀是在

■卖鞋靴货郎担穿行在杭州的大街小巷（20世纪30年代）

不断实践、不断改进中总结出来的。为迎合老、中、青顾客心理，边启昌改革用全新布制成鞋底，因此，边福茂的老顾客都说，边福茂的鞋子穿破也不会走样。

边福茂制鞋有"五讲究"：一曰鞋面选料讲究。体现鞋帮挺括、牢度好，料子以英货直贡呢、羊毛呢为主，还有国产贡缎、毛葛、纱等，由于边福茂经济实力强，外货面料可以整箱购进，不至脱销。二曰制帮讲究。有了好面料，排料还须富庶，要留有余地，帮与帮的间隔不能排得太紧。三曰制底讲究。鞋底用全新布制成，这是一种革新，规定用16磅粗布填足18层。以斜角取料，牢度就高，底边不会起毛。鞋底切线最早是绍兴帮师傅手工扎的，底线圈数有规定，切线的间隔大，鞋底不坚实，牢度就不够；针脚间距过密容易破，过疏又不牢，底线过疏过密都不符合要求。四曰鞋底边缘讲究。烫粉上浆后，以一定热度的铬铁烫边缘，烫后不能有黄斑点出现。底皮有单双两种，单底用进口花旗皮做；双底用国产牛皮两层，用麻线扎合制成，针距和圈数均有规定，针眼

■左 杭州市革履业职业工会证章
■右 上海市履业职业工会第一分会证章

■做靴

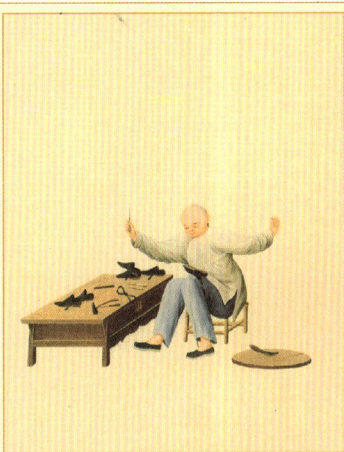
■做皮鞋

■做袜

不能过大，须与磨线粗线相称，皮与皮的夹层中间衬上新布，外圈沿条，以增加鞋底牢度，并防止走路时发出声音。五曰品种讲究多样化。有棉、夹、单、呢、葛、纱、绣等几十种，而以贡缎双梁男鞋最负盛名。造型轻巧，帮面挺括。当时流行的缎帮及直贡呢鞋子，边福茂就有三种样式。一为"浅元"，适宜青年人的足型，狭长、紧凑、挺拔；二为"新忍"，专为中年人设计，脚板略阔，造型比"浅元"老成一些；三为"歪忍"，老年人较喜欢，足型阔式，舒适大方，经久耐穿。中青年喜穿缎帮鞋，老年人爱穿直贡呢鞋，但缎帮鞋容易裂，纱鞋也有这种情况，裂缝总在鞋口中间部分，俗称"开天门"。为了防止缎帮鞋口子裂开，各贴小方形缎料加固，以横丝绉贴在鞋口里层两侧，然后"复脚"，用12磅新布上浆做里衬，最后用定织双线布做作里子。边福茂的单鞋，实质上是由三层制成。店主边启昌亲自过问，严格检验，以目测鉴定"双正"，即"口门"、后跟夹缝线。如绱时鞋帮不正，必然影响质量。绱的鞋不合规格又返修不好，造成次品，绱鞋工须要赔偿成本费，在计件工资中扣除。即使鞋子已穿在顾客脚上，发生了"开天门"事故，立即进行分析，如确系质量问题，应换则换，应退则退，对顾客负责，以维护品牌。因此，边福茂的男女缎鞋和皮鞋在1929年西湖博览会上获优等奖状。

边福茂自小本生意做起，以质量起家，在经济上有了实力后曾陆续买进大

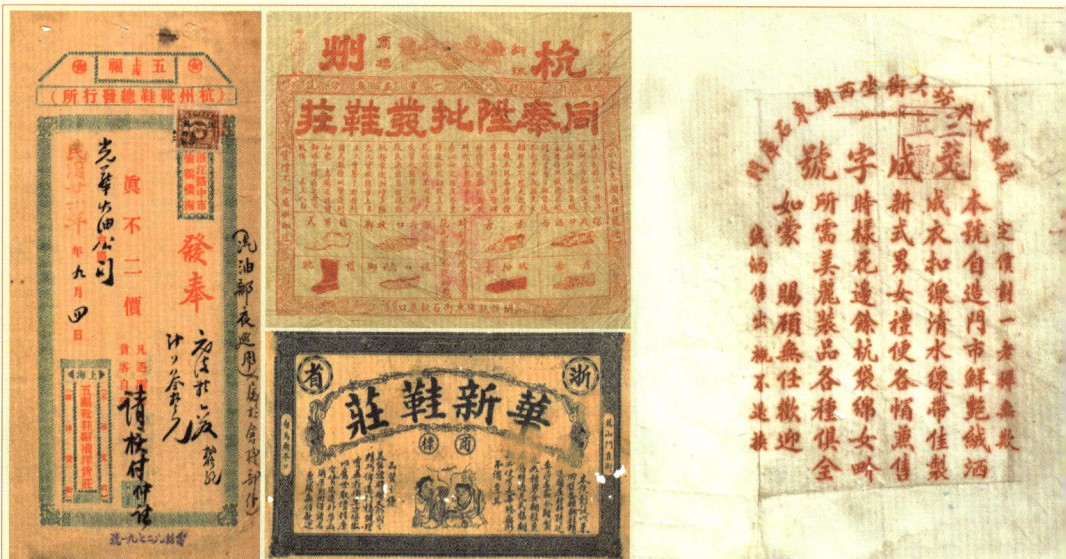

■左图 1932年，上海五福靴鞋帽袜洋货庄杭州靴鞋总发行所发票 ■中上 杭州东街路石板巷口同奉升批发鞋庄"狮球商标"广告 ■中下 浙省凤山门直街白马庙巷口华新鞋庄的广告，中为"和合商标" ■右图 杭城太平坊大街文成字号广告

批房产，中山中路、清河坊、太平坊、延龄路、庆春路等处都有他的店屋。抗战前租金收入每月可达2000元左右（银元）。以每月租金收入充实店中资金，周而复始，实力相当雄厚，成为杭州既有名气又有实力的一家商店。因此，银钱业及大小同行都希望与它打交道。

1921年，边福茂在中山中路羊坝头开设分店，取名达尔文皮鞋店，专营皮鞋业务；1932年，在上海山西路开设边福茂上海分店。达尔文皮鞋店业务不理想，不久结束，后调派边虎堂担任上海分店经理，杭州边福茂业务由王春源管理。抗日战争爆发后，杭州沦陷，边福茂业务重心转移上海。上海分店财权由边宝生执掌，杭州的店务也由他负责。1938年，边宝生在上海因病去世，杭州边福茂由王春源代理，兼管房地产经租事宜。

1945年8月抗日战争胜利，边福茂重振旗鼓，在延龄路开设万善皮鞋店，意欲争夺杭州市场。商品由上海装运杭州，营业员穿规定制服接待顾客，注册商标为"帆船"，取前途一帆风顺之意。但事与愿违，上海制的成品装箱运杭，价格比本地高，而皮鞋款式又太"洋"，不合顾客胃口；且万善招牌不能与边

福茂相提并论，许多生意都流入香港皮鞋店，营业并不理想，导致大量亏本。而每月房租收入，拖欠严重，大大影响了资金周转。抗战胜利后边福茂曾投资绸厂，由于物价动荡，市场一片混乱，造成卖出补不进，不卖又无法还债的尴尬局面。后又曾花巨款购进风景区地皮，原想作为生意谈判筹码使用，因政局不稳，人心动荡，地皮无人问津，更造成大量资金呆滞，周转不灵。这时边福茂已处于四面楚歌的困境，一筹莫展。最后，决定关闭万善皮鞋店，沪杭两店暂停营业，宣告清理账目，并与金融业磋商，采取停利拨本办法清偿债务。约半年后，边福茂重新开业，但已元气大伤，只能紧缩范围，惨淡经营。

解放初期，边福茂仍处在困境中。鉴于太平坊原店屋太大，地段差，商品少，生意清淡，于1951年迁移到中山中路羊坝头营业。当时尚有职工王春源、陈嘉贤等约16人，因不能维持，通过劳资协商遣散半数人员以渡过难关。1956年，全行业实行公私合营，边福茂鞋店从此进入了一个新的发展阶段。

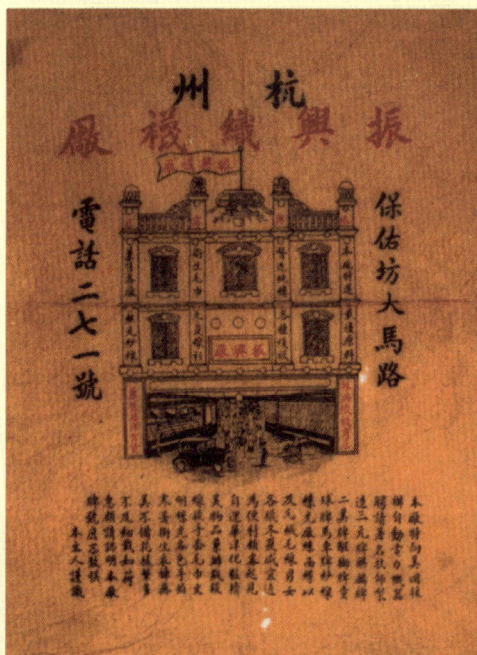

■杭州保佑坊大马路振兴织袜厂广告纸

■边福茂鞋店内景（2006年）

■迄今还在中山中路的广合顺皮塑鞋材公司，历经沧桑，和原貌已经大不一样

○创建于民国五年（1916）○

广合顺皮革鞋料号

杭州广合顺皮革鞋料号也是杭州一家老字号鞋店，始创于民国五年（1916），原用任文记牌号，后改名广合顺。

自晚清以来，杭州鞋业兴旺。那时除一般贫家小户自制土布鞋外，官绅商贾以及中产阶层，都买鞋穿。因店鞋式样新颖，尺码齐全，可随意选购。当时盛行红皮底单梁和双梁缎帮鞋，妇女喜爱红色缎帮和呢绒面料的皮底鞋，缠脚妇女喜着尖头皮底缎鞋。上海建立租界及沪杭铁路通车以后，崇洋之风不断渗入杭城，皮革靴鞋也盛行起来。由此，杭州鞋业更盛，造就了杭州爵禄、边福茂等百年鞋业老店，以及广合顺、新华等实力雄厚的大店，杭州鞋品远销江西的河口、上饶、景德镇，安徽的广德、宁国，福建的浦城、建瓯等地。

当时皮底鞋的底料红牛皮都从南洋和东南亚进口，由上海广东帮商人操纵推销。杭州虽有数家专从上海采购转销红牛皮的商号，但仍供不应求。杭城鞋店实力大小不一，与广东帮缺少联系，又不熟悉沪地进货情况，因此难以直接进料。

做双层皮底作场出身的任文华，对皮质优劣、选择用料等有丰富经验。那时他的师兄经营恒又新皮号，生意兴旺。几家大店认为经营皮革业务大有可为，就跟任文华合股经营。美华、美利的陈芳洲、顾水灿、张葆馥，久华老板施质甫，禄翔云老板王龙琛等纷纷入股。由任文华出面负责，在西牌楼灰团巷住宅挂出"任文记"牌号，专营红牛皮业务。

任文记在初创时，向上海进货，乃借用美华鞋店的牌子。1918年迁至扇子巷，改用广合顺皮号招牌。任文华平时与外甥吴炳坤言谈，常因不能打开局面而忧心忡忡，这时恰巧吴炳坤所在的大关恒丰米店因连年亏损关闭，于是吴炳坤于1919年到了广合顺。

过了一段时期，吴炳坤深感专营红牛皮单一业务，虽然人少开支省，但要扩大营业并不容易。那时专营皮革的几家老店如恒又新、叶正茂，信誉久著，实力雄厚，要赶上他们，是不太可能的。但广合顺的股东都是当时鞋业行中有影响的人。如能利用各股东的有利条件，扩大经营范围，兼做各种鞋用底面材

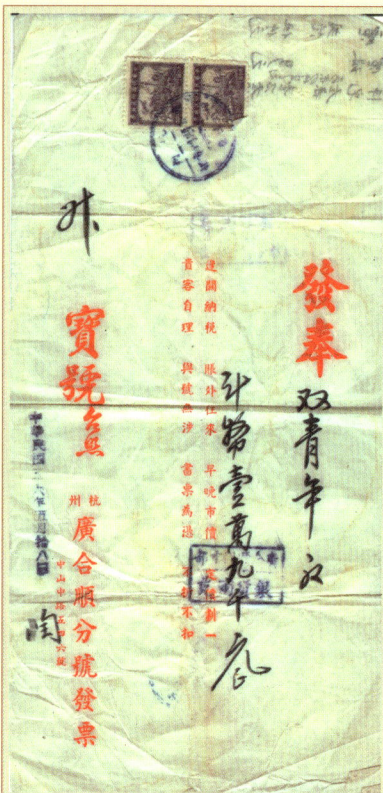

■1947年，杭州广合顺分号发票

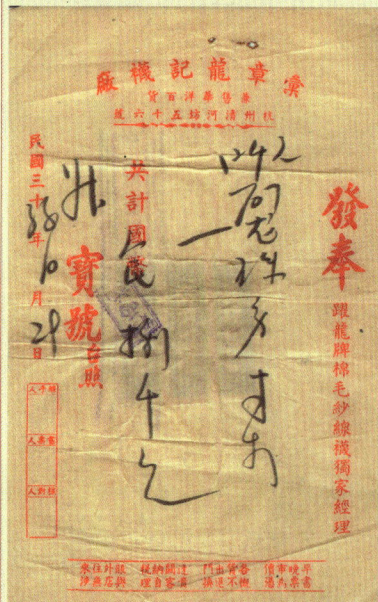

■汇章龙记袜厂发票

料，包括各种鞋用零星配料的业务，做到备货齐全，人无我有，以此来打开局面，是大有希望的。吴炳坤的这个设想，得到任文华和各股东的赞同，从此广合顺开始扩大经营范围。

1920年，上海合昌兴鞋料店主汤志亭来杭，推销各种鞋料，由他引路，任文华派吴炳坤到上海直接进货。广合顺的经营范围扩大至纳鞋用的缝线、铜钉、皮鞋带、鞋油等配件。由于营业逐步扩大，人员增加，1921年再迁到保佑桥弄，开始打出广合顺皮革鞋料号的招牌，买卖日渐兴旺，营业额逐年上升，达数十万元之巨，比此前扩展将近十倍。

当时杭州专业的皮号以清河坊恒又新最兴盛。另如皮市巷叶正茂和同茂丰以及传代老店的裕号均实力雄厚。其时广合顺向上海进货，仍须依靠美华鞋店牌子，在此情况下，要赶超同业极为不易。为了竞争，广合顺先从调查他们的货源着手，经常到城站去查看到货、卸货情况，弄清他们到货的牌号、货源和数量，做到心中有数，考虑抢先销售的计划。有时就打通搬运工人的关节，抢先送到，四出兜销，抢先脱售。当时商业交易，每年均按端午、中秋、年终三节收款结账，每逢节期，广合顺亦抢先一步，收好账款，并拣各殷实顾客，尽量

■杭州清河坊大马路，晋泰祥针织袜厂广告　　■杭州大水师前老合利升记鞋厂广告

　　做足节后供货业务，使迟到同业在收账和销售上受到一定限制。经过这样的竞争，最繁盛的恒又新皮号营业骤减，入不敷出。叶正茂和同茂丰等皮号都因争取扩大营业，不查顾客虚实，滥放账款销货，结果均被倒账牵累，亏损严重，叶正茂因此停业，裕号负债累累，同茂丰只好收缩皮革业务，专做帽圈小件。

　　当时任文华已年老体衰，广合顺实际由吴炳坤掌权。因此，这几家大皮号店，均视吴炳坤如仇敌，甚至说："只有打倒吴炳坤，大家才有饭吃。"但这时大的几家皮店已先后被挤垮，小的同业更不被放在眼里，至此，广合顺已独霸一方革业，称雄杭城。

　　当时上海模范厂生产的橡胶底经济实惠，市场上颇为畅销。广合顺每月承

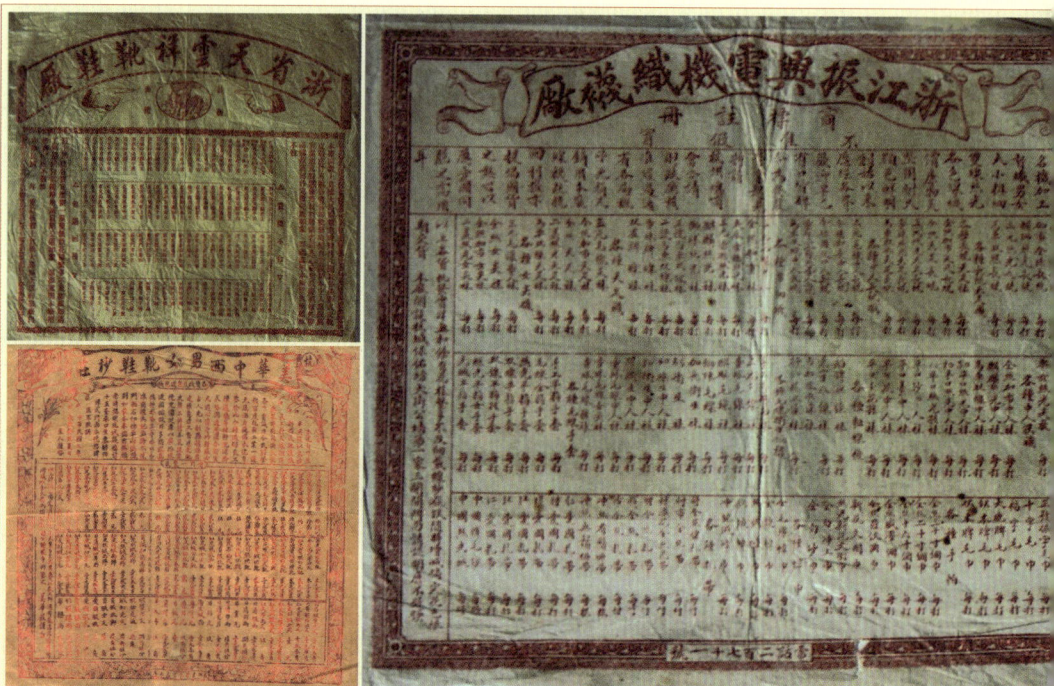

■左上　杭州上仓桥大马路"双鹿商标"浙省天云祥靴鞋厂花式品价目表
■左下　杭州美华中西男女靴鞋抄庄品种价目表
■右　浙江振兴电机织袜厂款式品种表格

销该厂双十牌胶皮底达千余打，并又兼销著名侨商陈嘉庚的橡胶力士鞋、跑鞋、球鞋。后转而经销上海大中华橡胶厂的双钱牌胶鞋、套鞋、劳工鞋，远销到皖南六县、江西上饶、福建浦城等地。此外还兼营人力车、自行车胎，每年仅橡胶产品的营业额就达三四十万元。

此后，广合顺更扩充经营毛料、直贡呢、花纹、驼绒等各种面料，备货甚至超过当时杭城最大布号高义泰。当时有人戏说："高义泰出个名，广合顺赚煞人。"以后又陆续备齐凡鞋店需要的一切材料，顾客一进广合顺，一一满足需要。因此信誉日著，营业逐年扩大，年营业额升到百万元左右，到1937年抗日战争爆发前，已超过120万元。

随着营业不断扩大，盈利逐年增加。广合顺股东每隔3年分红一次，每股

可得万元以上。以后改为每年分红，总数亦在五六万元左右。收益之厚，在杭城各业中殊不多见。

广合顺之所以能够不断发展扩大，主要是方便顾客，以诚相见，严守信用，赢得信誉，加之内部管理有方，用人从简从严，劳资关系良好。

广合顺职工月工资以职务高低决定，最高20元，一般在10余元不等，经理的月薪也只有30元。抗日战争前数年，职工最高提到28元，抗战胜利后，物价波动，按原级发双薪；因工作时间每天长达15小时，又无休息日，每月增加4天工资。每次发付股东红利，职工可提成分红，大约相当于每人年工资。每人约可得与全年工资相等的数目，即所谓"一底一面"。所以职工生活安定，工作勤奋。

平时职工如遇特殊需要，经过经理同意，可预借挂欠，待年终分红利时扣还。广合顺经营多年，除有一次有两个职工打架闹事、损坏店誉被开除外，从不无故辞退职工。

1936年，广合顺已在绍兴开了分店。1937年杭州形势紧迫，广合顺将部分百货疏散到绍兴分店，其余全部存货和职工都转移到金华继续营业。在金华还办了皮厂，采购当地原料，自制皮革。又在兰溪设分店。杭城沦陷后，金、兰两处虽已成为浙赣线重要商业地区，但当时鞋料业务已趋衰落，广合顺除经营皮革和橡胶鞋外，经营范围扩展到代销宁波和丰纱厂棉纱，兼营棉布绸缎批发，生意做到江西上饶、福建浦城等地。在金华与兰溪的4年时间里，每年营业额仍达百万元以上。

当时绸布等货，由陈芳洲常驻上海采购，从温州港转至丽水，再运送内地各经营点。

1942年，浙赣路吃紧，金华、兰溪经常遭受敌机轰炸，广合顺难以继续经

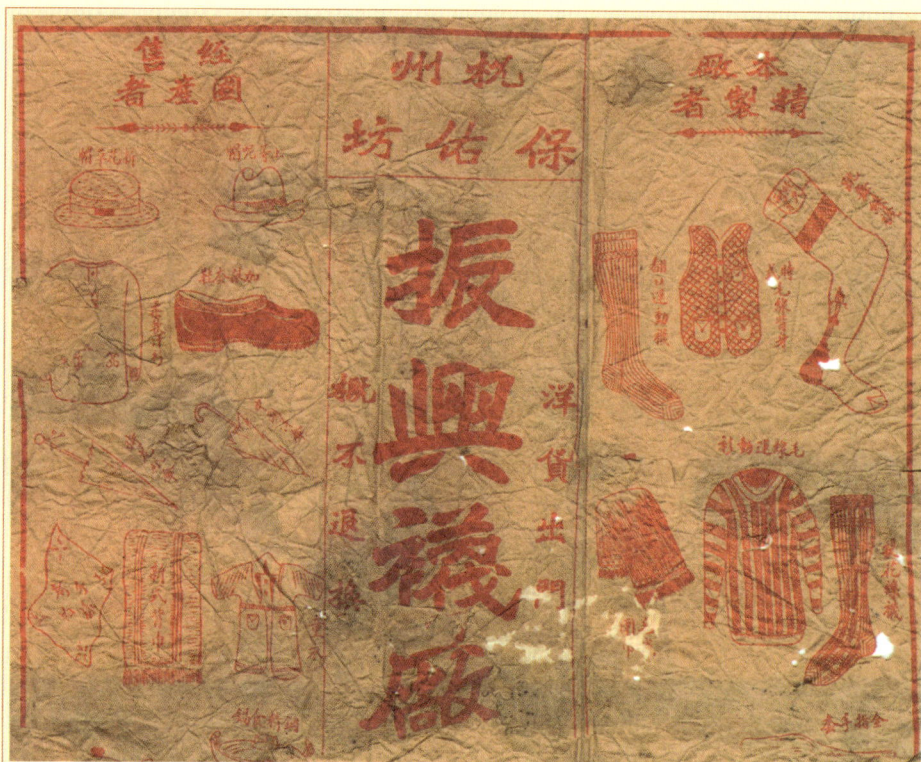

■杭州保佑坊振兴袜厂广告

营，于是将部分滞销绸布存货运长沙销售。不料在玉山车站遭敌机轰炸，损毁士林布达千匹。运达长沙之货，又遭轰炸，长沙发生大火，全部烧毁，损失严重。广合顺在上饶和浦城两处，早建有业务基础，打算到这两地再图经营。从金华向江山转移时，部分职工不愿远离乡土，辞退20人，每人发给生活费500元。余下职工和货品共分装七大船，向江山转移。不料中途部分骨干职工认为避敌是暂时之计，不久仍须迁回杭州，不愿出省，便在常山、华埠两处停留。常山部分，遭当地土匪抢劫，虽由当地军警查处追回部分货品，但损失颇巨。幸广合顺实力雄厚，基础稳固，虽连遭祸患，仍能勉力支持。

上饶分店当时已改营百货。浦城总店因广合顺名声大，税款重，为了减轻税收，改用"正和商行"名义，以经营百货及销售所存滞销货口，此后又开了

杭振州标

製造

最新式自动机光

机丝曲线袜

墙

没

第

用

品

■杭州振兴袜厂纸盒

寄售商店"公平商行"。抗战胜利后，均迁返杭州。

战后的杭州，满目疮痍，市场凋零。广合顺的庞大栈房，已被夷为平地。幸好营业店屋有朱尧阶留守，得以保存。朱尧阶与店工十余人继续经营，为广合顺复业立下了功劳。

复业以后，为了扩大业务，广合顺在秋涛路建立皮厂，自制皮革，加工生产人力车和自行车件钢丝。不久，由于法币不断贬值，广合顺处于虚盈实亏的境地。

1946年，《浙江工商年鉴》载广合顺鞋革店设保佑桥16号，店主为吴炳坤。此文即参考吴炳坤口述而成。

1955年10月，广合顺所属皮厂参加公私合营。制作车件和钢丝的业务，划归自行车业经营。

■开设于浙省清河坊东首五层楼洋
　房的"颐香斋荤素月饼"广告

■杭州拱宸桥同和栈南货店广告,上首五色旗
　表明是20世纪20年代遗存

○创建于清·光绪七年 (1881)○

方裕和南北货店

丁立诚《武林市肆吟》有诗描绘杭城南北货,曰:"海错山珍闽
广洋,支圆桃枣礼盈筐。如何一例称南货,门市人来批五
昌。"五昌是指晚清时仁昌、洪昌、德昌、宝昌、同昌五家大南北货
店,门售兼批发。所谓南北货业,即今土产食品商店,营销鱼翅、海
参、虾干等干性海味,南洋之糖、桂圆、荔枝,北洋之红枣、柿饼、
浙产之火腿、南肉及各种听装食品、调味品,亦兼营蜡烛、水果、酱
酒、茶食等。

杭城最著名的方裕和南北货店创立于1881年，开设在清河坊大街，石库门面。1927年拓阔中山中路时，翻造为五层楼洋房。创办人方仰峰，原籍镇海柏墅。方系旅沪巨商，经营许多厂、店，也涉足金融业。曾在上海开设方裕兴丝厂、方惠和糖行、费文元银楼及承裕钱庄，在宁波开设益和糖行、方德心药店、益康钱庄，在松江有大全药店，在南浔有寿康药店。除上海承德钱庄是族中合伙经营外，其余均系独资开办。后来方仰峰的目光转到杭州，创办了方裕和。为了使方裕和运用资金方便，又开设了慎裕钱庄为之作后盾。故方裕和开业不是从小本经营做起，而是一创办就拥有雄厚的实力。但是方裕和能跻身于名牌老店的行列，却走过几经曲折的道路。

　　方裕和南北货店初创时，首任经理刘颐观，副经理陈四海，对人员使用一味任人惟亲，业务不熟悉者也安排职务，以致业务不振，连年亏损。继任经理为陆伯笙、副经理王宝联是业务行家。他们接任后，积极整顿，革除积弊。老板平日不能过问店事，只有总账房一席由老板派任，其余人员均归经理调度任免。用人唯才，不讲情面。着重开源节流，改变经营方向，不是单纯为本地消费者服务，也兼顾外地"两客"（游客与香客）。方裕和对近郊农民顾客来购年货来不及用膳者，店中备饭招待；办毕年货，归去已晚，走夜路不方便，店中备有灯笼可借，故农民顾客很是称道。相互传扬，方裕和的名气日盛，近悦远来，生意兴隆。在店堂中又树起"货真价实、童叟无欺"的招牌，以广招徕。

　　游客所需的火腿、茶食、蜜饯、干果、炒货、藕粉之类，备货充足，讲究质量。外地游客回去时，需要购买些土特产馈赠亲友，这类生意无可估量。还有达官、富商为了结交上司，火腿一买十几只，上腰方（火腿中肉质最佳的一段）连斩二三十方，一掷数百金，毫不为奇。原因是方裕和备货地道，严格把住质量关，赢得了顾客的信赖。如买火腿必先"打扦"，让顾客辨别香味；如购买的茶食、蜜饯、小核桃、炒香榧等，可以先试味后选购；就是买藕粉也可现冲现尝试味。这都是摸透顾客心理的服务方法，受到大众的赞赏，如此接待顾客的做法，确是方裕和首创。

■杭州中正街"相见欢"南北货商号广告

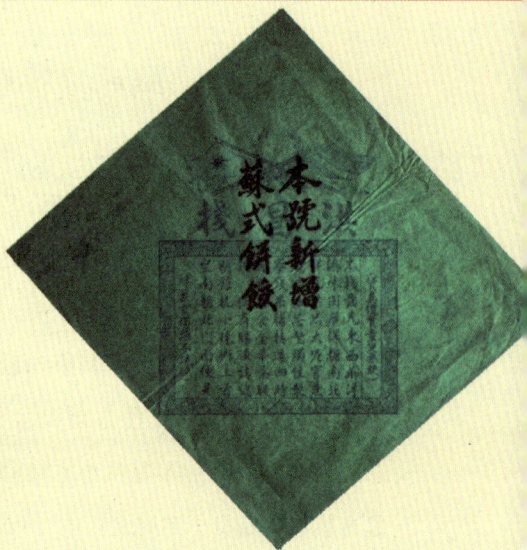

■余杭小珠弄洪昌栈南北货广告，（20世纪20年代）

　　当时的上海名人如杜月笙等，每逢过年过节或菩萨生日，均派专人从上海到杭州方裕和购买几百斤重的大蜡烛往灵隐、净寺等处敬香礼拜。方裕和制造蜡烛的工序、质量与众不同，杭城、外地顾客皆慕名而来。每当春、秋两季香汛来临，就有头包布巾、手提香篮、身背朝山进香黄布袋的"善男信女"成群结队而来，顺便购买一些杭州特产、香烛、供果（如糖佛手蜜饯）等。当香农涌进店堂时，柜台上应接不暇；遇到游客与香客二路会师，更为热闹。还有对江的船老大（俗称脚班）肩挑、推车，专为农民来杭州购物带货。也有穿街走巷的肩贩，向方裕和批购从正品中挑出来的破壳、大小不匀的桂圆、荔枝、南枣等"下脚"干果。

　　方裕和南北货店营业额最大的为金华火腿，年销千余件（每件50只）。1913年，方裕和的金华火腿在南洋劝业会上获得奖状；1915年，在巴拿马万国博览会上获得优质奖状；1929年，在西湖博览会上方裕和的九制橄榄、上蒋茶腿、卫生酱油均获最高特等奖状，从此声名更盛。

　　方裕和的火腿驰名中外，享有盛誉。方裕和的火腿货源，小部分来自金

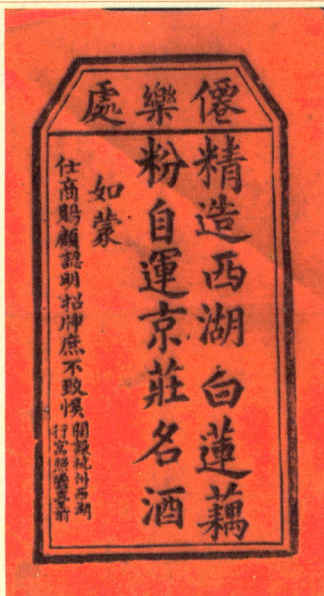

华，大部分来自东阳蒋村。以质量言，蒋村所腌制的火腿为上品，称为"雪舫蒋腿"，色、香、味俱佳。蒋村分上蒋、下蒋两地，上蒋雪舫系蒋九峰厚记所腌制，下蒋系蒋虹巢正记所腌制，统称"雪舫蒋腿"，腿上盖有黑色印章，以区别于一般火腿。方裕和为了保持火腿特色，每只腿的分量控制在五六斤之内。蒋村所腌制的火腿，由方裕和独家承包，订有协议，在方裕和选购好之前，不得售与别家。定货办法，系预付款项，翌年交货。腌制商利用预付资金，可以增加制腿的数量。方裕和预付款的办法，很受腌制商的欢迎，预付款的利息是扣除的，所以进货价格也较为便宜。火腿登场先让方裕和挑选，其次轮到上海先施公司南北货部，然后轮到万隆腌腊火腿店，最后才轮到一般火腿店。火腿运到店后，保管十分重要，经常整理、翻仓，做到损耗小、质量好、香味足。方裕和存放火腿的栈房（仓库）有三四处，派有专职人员管理，他们的老师傅都熟悉火腿的腌制方法和要求。栈房有三十多个工人，经常翻、打、挂、揩、抹，剔去火腿外层的杂质，在上柜发售前还要擦油上光。柜上的刀手老师傅技术高超，能做到一刀准、一秤准、分档准。

蜡烛的销售额也占很大比重，年销约10万余斤。方裕和制造蜡烛的特点是陈芯、双盖（白蜡厚）。白蜡厚度高，风吹不会溜油，质量过硬，远近闻名。

蜜饯品以九制橄榄、金橘脯、桂花玉梅、广东

■上 西湖行宫仙乐处精造西湖白莲藕粉广告
■下 1931年杭州长顺南北货栈发票

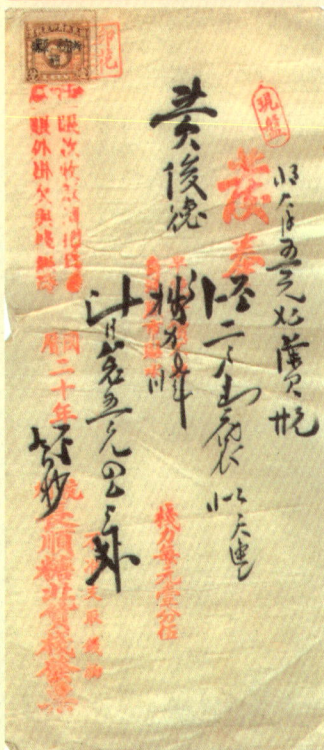

041

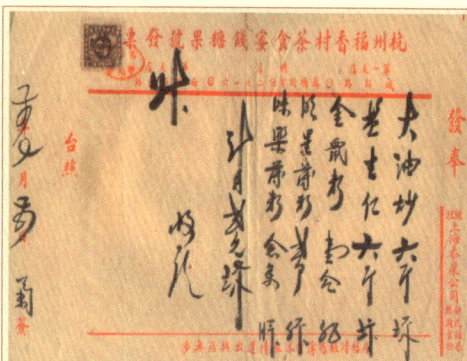

■1935年杭州稻香村荣食蜜饯糖果号发票　　■上海三友实业社代理九溪茶场藕粉广告　■1951年杭州咸兴南北货栈发票

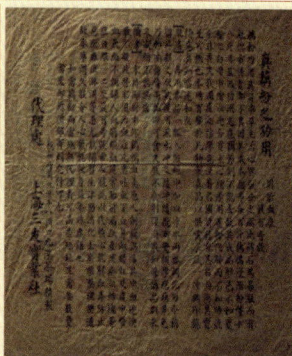

梅、青口梅等最著名。九制橄榄年销高达两三万斤，原料来自福建。金橘脯原料来自宁波柴桥，梅子产于杭州超山。方裕和自设加工场有5处，糕饼、蜡烛、蜜饯、藕粉、炒货均自产自销，质量抓得牢，并有创新提高。如椒盐小核桃，先将小粒小核桃挑出，空壳用水浮去，将小核桃倒入锅内加清水浸没为度，每斤小核桃加食盐二至三两，并适量加入茴香、桂皮、糖精少许，旺火煮一二小时，然后取出，用清水洗去盐水，沥干水分，用大铁锅和砂同炒，炒时要试味，炒好待凉。这样加工的小核桃，嗑壳或敲壳时，桃肉不易碎，入口倍觉香、脆、可口，壳外无盐质，不脏手，不黑嘴，不脏衣袋，久藏不易还潮。方裕和首创的精制加工技术，一直流传至今。

方裕和对糕饼点心也是精工细作，用料扎实，深得顾客赞赏。如麻糕、麻枣、火炙糕、状元片，香脆软糯甜，颇具特色。最负盛名的麻糕，制作时先将芝麻捣烂脱壳，达到细、糯、纯，制成的麻糕糖分多，分量足，香甜可口。

泥螺系海产品，肉质厚、大而脆，新鲜食之易患腹泻。方裕和于清明前后在舟山桃花岛、六横岛沿海四周捕捞，经过腌制、酒浸、闷透后装半斤瓶出售，年销达万余斤，独家经营，是佐粥的佳肴。

在外地采购的干果，如桂圆、荔枝、黑枣等，货到后要经过精选，不合规格的如破壳、大小悬殊、变形，一一拣出，批给同业或转售给穿街走巷的肩贩。做到不合规格的货色不上柜，货真价实，从而声誉日增。当时杭城与

方裕和同享盛名的南北货店已从晚清时的"五昌"变为"三昌"，即庆春街的仁昌，清泰街的益昌，清河坊的胡恒昌，并称"三昌一和"。由于方裕和资金雄厚，存货足，经营管理有方，备货讲究质量，经过多次的拼搏，终于力克"三昌"，成为杭城南北货行业魁首。

方裕和全盛时期是从清末民初至抗日战争爆发前夕，历任3位经理：陆伯笙、王宝联、方积芗。资金积累约计30余万银元，年营业额40万银元以上，每年盈余约6万银元左右。除去积累资金，每3年分红利一次，作17股派，每股9000银元，股东得12股，经理得1.5股，副经理得0.75股，总账席得0.5股，其余尚有2.25股约2万银元，由全店职工按职位高低、店龄长短、能力强弱、出勤多少来核算分配。

抗日战争时期，方裕和损失惨重。杭州沦陷前夕，一百三十多个职工一律解散，回原籍者别给川资，仅留数人管理栈房。日军进入杭州，柳翠井巷栈房被日军强占，驻兵喂马，糟蹋货物，栈房损失无法估计。

敌伪要维持市面，软硬兼施，强迫商店开业，方裕和因货物遭受损失，人员又少，只能在河坊街边门作临时营业，应付当时的恶劣处境。

抗日战争胜利后，方裕和重振旗鼓。回店复职人员约五十余人，由林祖荫担任经理，惨淡经营，略有转机。但好景不长，尤其在发行金圆券后，方裕和又遭受一次灾难性打击，市场物价压不住，商品却被抢购一空。

新中国成立时，方裕和这家名牌老店已成涸辙之鱼。店主方之焘、方之熊兄弟二人缺乏经营信心，经理林祖荫经营思想跟不上形势，店务衰落，资金枯竭，后由职工们挑起重担，想尽办法，逐渐渡过难关。1954年，将店屋典与市油脂公司，以典价人民币1.1万元（旧人民币1.1亿元）作流动资金。1956年全行业公私合营，企业获得改造，方裕和名牌老店幸得保存下来。

据1946年《杭州指南》，其时杭城有南北货店171家，成立有南北货业同业公会，办公地点在缸儿巷口，理事长为郑祥泰南北货店老板郑楚廷。

杭州老字号系列丛书

百货篇

○创建于清·光绪七年（1881）○

解放路百货商店

"江南忆，最忆是杭州。"杭州西湖以迷人的风光吸引着南来北往的游客；而杭州解百集团股份有限公司，这家"商业老字号"就坐落在美丽的西子湖畔。人们来到西湖，陶醉于玲珑剔透的山水间流连忘返；人们来到解百，徜徉于这座散发着时尚、休闲气息的现代商厦时，不由地会感叹：历经岁月的打磨，"解百"变得越来越富有青春活力了！

■浙江省国货陈列馆劝工场内景

　　翻开杭州市的商业篇章，"解百"尤如一颗璀璨的明珠熠熠闪光。作为杭州市最早建立的一家国营百货零售企业，"解百"走过了近九十年的历程。那么，是什么促使解百在漫长的岁月中，始终屹立于杭州商界、并且不断地发展壮大呢？应该说，是"解百""诚则兴，变则通"的企业文化在起着举足轻重的作用。它贯穿于"解百"的发展轨迹中，渗透于企业经营、管理的各个方面，犹如一双无形的手，支撑着"解百"不断地向前发展。

　　综观"解百"的发展历程，就是一部诚信经营史。从1881年的国货陈列馆到抗战时期的"白木公司"，从新中国成立时的"百货公司"到1958年正式命名为"解放路百货商店"，从1992年股份制改制到1996年组建集团，从一家单一型的百货零售商店到现在集购物、住宿、餐饮、娱乐于一体的购物中心，解百一步一个脚印、踏踏实实地走来，它是杭州城市发展的见证者，是杭州商业

■浙江省国货陈列馆劝工场外景

发展的亲历者，是杭州市民最信赖的购物场所之一。可以说，是诚信奠定了解百生存和发展的基石，建立起解百与广大消费者、供应商、员工之间最深厚的感情，给企业发展提供了更大的空间。

"解百"的发展同样是一部创新发展史。市场形势在变，商业环境在变，消费者的需求在变，处在商战漩涡中的解百深深感到："老字号"的生命力在于创新，观念需要创新，经营需要创新，管理、服务、文化等等方面都需要创新，唯有求新求变，才能在新的市场形势下焕发出新的生机和活力。

变，始终贯穿着"解百"的发展，一次次的变化，"解百"一步步地贴近市场，给人们创造着一个又一个的惊喜，顺利实现向现代百货质的飞跃。解百的变化是有目共睹的。

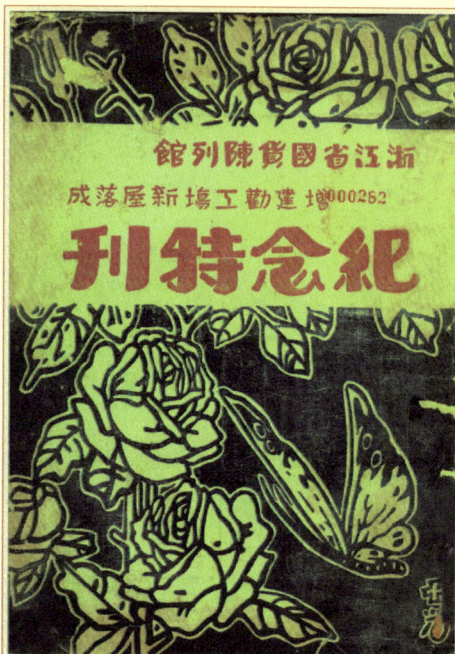

■浙江省国货陈列馆增建劝工场新屋落成纪念特刊

■1929年10月杭州西湖博览会期间出版的《杭州市国货运动周特刊》

◎经营体制的跨跃◎

从1992年启动股份制改革开始，解百接连迈出改制设立股份有限公司、成为上市公司、组建集团三大步。股份制改革为解百进一步走向市场、壮大实力创造了有力的条件；而1994年1月14日，"杭州解百"股票在上海证券交易所成功上市的那一刻，相信在所有解百人的心目中都无法忘却，"600814"这一股票代码把解百和社会公众紧紧捆绑在了一起；同年9月，职工内部股的上市也使解百的大多数职工获得了较大的收益；1996年，解百开始组建集团，开始实现由商品经营向资本经营的跨跃，朝着现代企业的方向稳步迈进；2006年5月，解百顺利通过股权分置改革方案，开始在全流通的背景下，实现新的更大跨越。

浙江省国货陈列馆纪念特刊题词

锦纨纂组章身所需竹头木屑亦供使驱人群进
化工业发舒衣食行住存精去粗俾我两浙物产
与西海澜山牧遍野桑株物质既富百货充闐策
馆陈列湖西子湖肩摩毂击誉士女妍都谢彼舶品
宏哉雄图一日千里腾蹄前趋考播成绩视纪念

蔡元培
书

山海之精人文之英蔚为华粹奇货琳琅
是乃国货超目晶莹陈列就省万品子名
物质进化科学昌明欧业商场努力竞争
造端宏大提倡苦心勉旃同志勿懒经营

马寅初题

货不必藏诸己
宝何可逊其邦

偶见某君撰国货展览会联语凌其
誉切杭州市国货运动国特引录题发
特录斯语其国人共诵之

陈布雷

■蔡元培、马寅初、陈布雷为浙江省国货陈列馆纪念特刊题词

◎经营规模的扩大◎

从当初经营面积不到一万平方米的解百A楼，到随后的B楼一二期工程、新世纪商厦，解百在一点点地壮大、成长，特别是解百新世纪的打造是解百发展史上的一次大手笔。1997年，解百审时度势，开始投资打造跨世纪发展的战略性工程——"解百新世纪"；2000年，解百新世纪商厦先期开业，它的开张运行，不仅扩大了解百的经营规模，而且揭开了解百接轨现代百货的新篇章；紧接着解百新世纪大酒店、锦绣江南餐饮、越王休闲俱乐部、立体车库等项目相继投入运行，解百初步完成了由单一的百货商店向集购物、餐饮、住宿、娱乐、停车场于一体的购物中心业态的转型。目前，解百经营面积达到了10万平方米，和改制前相比，相当于再造了九个解百。

在立足本部的同时，解百积极向外拓展，先后在义乌、萧山等地开设了分店，其中义乌分店自开张以来，年销售额一直稳居当地同行业之首，取得了可喜的经济效益和社会效益，提升了"解百"品牌的知名度和美誉度。此外，解百还涉足宾馆旅游、进出口、自有品牌开发等多行业、多领域，走上了一条以百货为主业、多元化发展的道路。

挽回利權

张人杰题

發揚國光

程振鈞題

浙江省國貨陳列館開幕紀念

助長工商

浙江省商會聯合會常務委員
馮庭丹 全祝
宋鴻逵 袁維青
譚建丞

■张人杰、程振钧等为浙江省国货陈列馆题词

◎经营定位的确立◎

在具体的经营实践中，解百越来越感到定位的重要性。它是企业航行的"航线"，是企业经营的方向。准确的定位来自于深入了解市场，把握消费者需求，剖析企业的现状。在此基础上，解百结合杭州休闲化城市的特点以及所处的地理位置，确立了"精致生活，休闲人生，打造高品质休闲购物中心"的经营定位，锁定中青年白领这一目标消费群。围绕这一定位，解百对商场进行了战略性的调整。精心装修、布局调整、品牌提升后的新解百，吸纳了众多的时尚元素，在那些紧扣时代脚步的顾客眼里，是如此的色彩缤纷，充满休闲魅力：沿街开设独树一帜的专卖店——解百"1918街区"，人性化设计的购物环境，适合消费者口味的时尚、休闲商品，"解百WHY流行趋势发布"、"休闲男女魅力行"等营销活动的轮番上演，无不吸引着年轻人的眼球，撩拨着如云顾客的心弦。逛累了，可以到"肯德基"、"必胜客"等用餐小憩，解百的配套餐饮服务将为你的休闲之旅加油、铆劲。通过"变脸"和"升级"，新解百变得更加靓丽时尚，充满动感和活力，从大家的赞同声、销售额的攀升、客流结构的改善中，我们可以感受到解百这种由内而外的变化。

■杭州五卅国货社雨伞广告

◎企业管理的提升◎

解百感到，要真正与现代企业接轨，在管理上同样需要创新。为此，解百按照现代企业的管理要求，结合企业实际，创造了一套富有个性的"严管理，宽人性"的管理模式。首先，制度化管理是前提。上市以来，解百不断地完善法人治理结构，制定了《公司治理纲要》，形成了由股东大会、董事会、监事会和经理层组成的分工明确、相互制衡、良性互动的治理结构，按照上市公司的要求规范运作；为了提高内部管理的效能，解百对所有的管理制度进行了修订，形成了一套内容全面、流程明确、操作性强的《企业制度汇编》，使制度真正起到刚性管理的作用，做到有章可循，有法有依。其次，企业文化的引导是关键。解百在挖掘、提炼企业深厚文化底蕴的基础上，创造了一套涵盖企业哲学、企业宗旨、企业精神、员工价值观等内容的企业文化理念体系，并利用各种时机和载体进行广泛的培训、宣传和推广，营造良好的企业文化氛围，用先进的企业文化来引领员工，指导具体的工作实践，增强团队精神。再次，人性化的管理是具体的体现。企业管理的主体是人，如何最大限度地调动人的积极性和创造性，除了结合制度的刚性管理和企业文化的软性管理外，还需要精心设计载体。解百的人性化管理体现在方方面面，如医务室、员工食堂、更衣室的设置，在点点滴滴中体现了解百对员工的关爱；加大对员工培训、教育的投入，倾力打造"学习型"的企业，为员工创造了良好的学习环境和成才机制；薪酬制度改革、经营责任制、干部公开竞聘制、岗位责任制这一系列激励机制的推出，提高了干部、员工的岗位竞争意识和工作责任性；党

■解放路百货商店新外景

委、工会、团委组织的一系列形式多样、喜闻乐见的活动，充分发挥和调动了全体员工的积极性，增强了企业的凝聚力和战斗力。最后，科学技术的运用是手段。计算机信息化管理在解百得到了广泛的运用，无论是财务管理、业务管理、人力资源管理、档案管理，还是客户管理，网络技术已经渗透到企业管理的方方面面，有效地规范了工作流程，提高了工作效率，节约了管理成本。"网上购物"、"在线服务"、"局域网"、"多媒体制作"，这些和传统商业似乎毫不搭界的新生事物开始与解百"联姻"，使企业尝到了科学管理给企业带来的便捷和效率。

◎服务的创新◎

　　虽然解百变化的脚步始终没有停歇，但有一点却是永远不变的，那就是对消费者的真情不变，诚信不变，这种理念催发着解百在服务的内容和形式上不断地推陈出新。从20世纪80年代的规范服务，到20世纪90年代的微笑服务、距离式服务，直到现在的"CAP"服务模式，解百不断突破服务的传统概念，通过服务的提升来满足高层次的消费需求。解百在杭城商界首先推出了首席营业员制，一批知识型营业员经过培训考核上岗为消费者提供专业化、个性化的服

■解百新世纪商厦

务；"CAP服务模式"则更强调服务的亲切、周到和专业，从员工上岗前的准备工作开始，到具体服务过程中的每一个细节，迎宾、售前、售中、售后服务，等等，均作了严格细致的规定，建立起规范化、多层次的服务体系；与此同时，"培训"成了提高员工服务水平的重要手段，除了公司组织的各类培训外，各个部门也开展了富有个性的培训，开门前的半小时、每周二、五的晨会，成了见缝插针的学习和培训时间，让笑容更自然，让站姿更挺拔，让服务更专业，解百用务实、创新的举措诠释"你的满意，我的追求"的服务理念。

◎经济效益和社会效益的提高◎

上市十多年来，解百硕果累累。短短的12年间累计实现销售收入113亿元，创造利润近5个亿，上缴税费4个多亿，国有资产保值增值率达347%，企业12年

的发展超过了过去几十年的积累，为国家做出了较大的贡献，使股民得到了相应的回报，实现了资产的增值。近年来公司先后荣获"中国商业名牌企业"、"全国商业服务业先进企业"、中国商业科技创新企业、"浙江省诚信示范企业"、"杭州商贸特色服务品牌"等荣誉称号，并涌现出了"全国劳动模范"陶荣生，"全国五一奖章获得者"胡崇杏、朱慧敏，中国百货商店优秀经理人王季文，"浙江省劳模"林峨，杭州市突出贡献商贸服务企业优秀经营者周自力等一批先进人物。

2005年公司净利润同比增长44.84%，2006年第一季度净利润超过2005年全年，同时主力消费群已经形成，这些都是解百经营业绩持续稳步增长的基础。

站在新的发展起点上，解百的领导班子又一次坐在一起，为解百的战略性发展运筹帷幄。随着湖滨地区休闲购物氛围的浓郁和各种业态功能的丰富，湖滨商圈将是杭州最具成长性和魅力的商圈。解百将以独特的地理位置在新的城市发展中找准自己的位置，进一步做大做强主业，提升"杭州解百"的品牌价值，用新的业绩不断地创造历史，实现发展。

■2006年12月，在北京饭店由国家商务部再次重新认定杭州解百集团股份有限公司为首批"中华老字号"。证书编号：11033。

■民国高义泰棉布庄旧影

○创建于清·光绪三十年（1905）○

高义泰棉布庄

依靠杭城和周边农村大宗的顾客，杭州的百货布商业也很繁荣。每逢香稻熟收之际，则是布商销路旺季。一些大的布商，如高义泰既销国产布，也销洋布呢绒，并由杭州江干和拱宸桥转销上江、运河一带布疋，以及国产的提花布、条格布、高布、花呢、冲哔叽、冲麻纱等。1946年，杭州有棉布商店97家，成立有布商业同业公会，会址在柳翠井巷，理事长陈盈科是高义泰经理，高义泰还办有尚义小学。

杭州高义泰布庄由高氏独资经营，于清光绪三十年（1905）开业。店主高子韶财力雄厚，在临平、钱清（属绍兴）、上泗、萧山西兴一带置有水稻田和棉田约5000余亩，在族中颇有声望。高于1905年出资开设高义泰布庄于水漾桥西首，因遭火灾，1911年前迁至羊坝头开业。后又两次增资计1.6万两规元。布庄的总负责人为陈印山，职员30多人。经过十几年的发展，基础日见巩固。

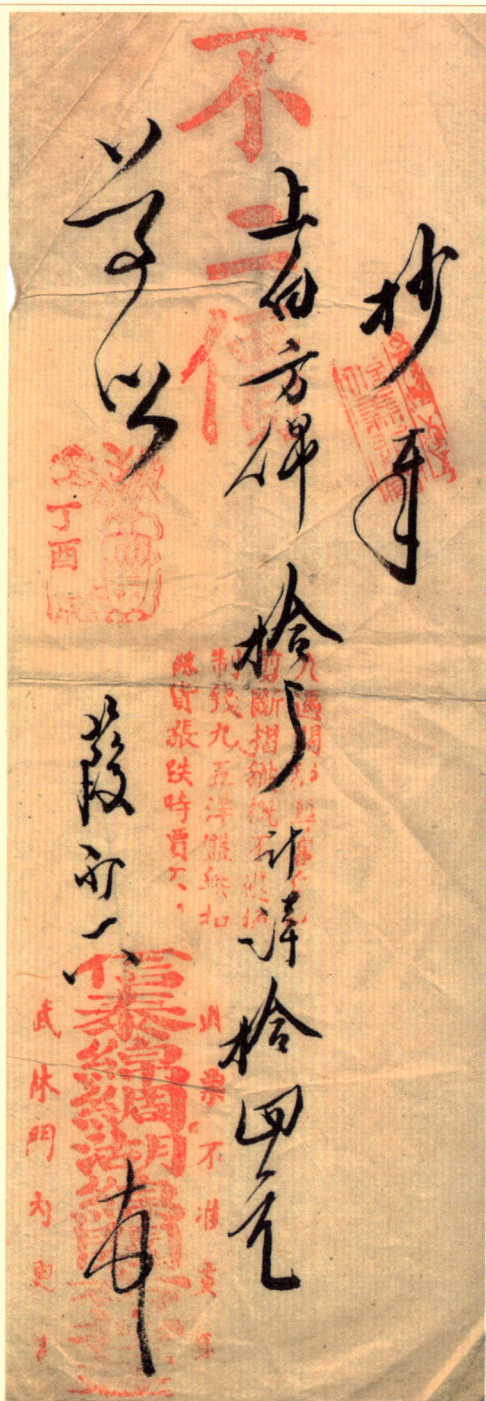

■清光绪丁酉年（1891），杭州武林门内信泰绵绸湖绉布庄发票

1923年建成4层楼洋房，有职工130多人。抗战前的十几年为其全盛时期，在同业中首屈一指。

高义泰还涉足龙井茶的种植和营销，20世纪20年代在西湖龙井狮子峰租赁1000余亩茶园，成立茂记茶场。其龙井茶在1926年美国费城赛会和1929年西湖博览会上都得了金奖。茂记茶场的茶叶包装纸还把老板高怡益头像印上，以老板信誉担保茶叶品质。

高义泰财务雄厚，声望卓著，经过多年积累，至1934年存货达4万匹（其中有钱庄长期存款约占1万匹）。与高义泰来往的银行、钱庄达20余家，可以借助钱庄长期放款。高义泰每天有3000元至4000元现金解钱庄，流转快，很受钱庄欢迎。高义泰店堂里柜台边直竖着青龙碑，上写："本店不收存款，并无票据在外"。以显示实力雄厚。高义泰是大商号，发放的礼券额也比较大。杭州是浙江省省会，著名风景城市，又为东南数省客运货运中心，商贾云集。市区商业中心集中于鼓楼至官巷口一

■杭州沅利绸缎呢绒洋货布庄广告中展现的杭州闹市

带，许多闻名的大商号均在此开设。1929年扩建中山中路，各店纷纷新建三四层楼洋房，更显得市容整齐美观。高义泰布庄就设在全市商业中心区最繁华的羊坝头。布庄的从业人员多经过精心选拔，人才济济。总负责人和总账都是跟随高氏多年的亲信，有理财能力，可放手办事。

高义泰布店的经营特色主要是：

重视商品质量　直接向生产厂与机户或洋货字号进货，尽量避免转手，以降低成本。讲究名牌正品，收购生熟绸货更要花色品种时新，备齐档子。

■棉布业证章。左：上海市棉布业同业工会会员老陆正大棉布庄职员证章　中：嘉兴纶华绸布商店证章；
右：淳安县总工会城区棉布广货业店员工会证章。

大经绸缎顾绣呢绒皮货局
杭州西鹰路转角
自建三层洋房之图

■杭州大经绸缎顾绣呢绒皮货局广告

高义泰
浙杭坝头大头马路
自动电话二五四〇号
自建四层洋房
绸缎呢绒哔叽洋货布庄

■高义泰绸缎呢绒哔叽洋货布庄广告，左上侧有高大四层洋
房，展示其实力

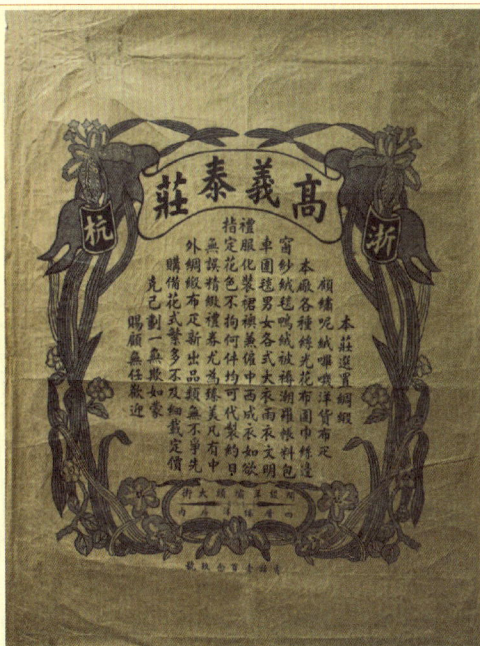

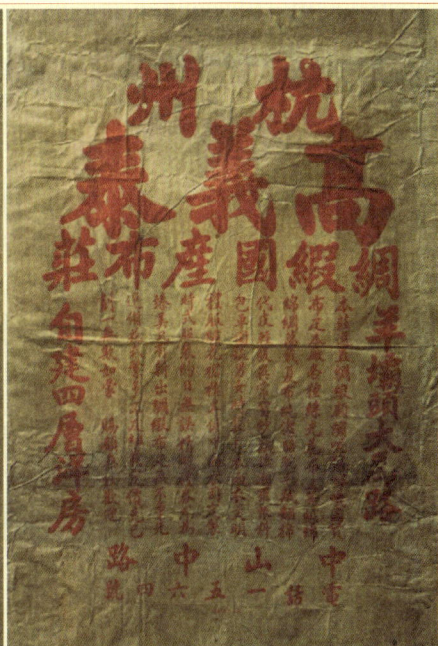

■浙杭高义泰庄广告　　　　　　　　　　　　　　■杭州高义泰绸缎国产布庄广告

　　重视宣传招徕 初建时期，负责人陈印山带领职员到杭州四乡及邻县广贴高义泰布庄开张的广告。开业后派员去江干、湖墅等码头的茶坊、酒肆，装做品茗、喝酒，把高义泰招贴包的蓝布和夏布摊在桌上，介绍质量如何好，价格怎样便宜，做生意怎么和气。有时扮成过路客人到渡船、烧香船上，向周围乘客宣传，现身说法，实物对比，颇收成效。在每年秋季（8月下半月）大减价时期，高义泰的减价招贴纸张大，字句明，招贴面广，远至金华、义乌、绍兴，近至萧山、富阳、余杭及杭州四乡，同时在报纸上登大幅广告，与同业竞争。减价期间每天有万元以上的营业额，比平时要高出三四倍，获利两万元以上。每天从早到晚，熙熙攘攘，顾客盈门，仅从钱庄里聘请来的清点硬币、钞票的临时收货员有四五人。与元泰、元利、开泰等布庄竞争激烈，尤其在减价期间更是旗鼓相当。高义泰经常着几名成衣老司务（为顾客特约加工成衣）到各店买叫口货、热门货，并通过努力，探明各店的业务趋势，改进本店的供应品种，调整价格，采取相应措施，对有些商品忍痛削价，从"亏在一时，赚在一

■民国高义泰洋货布庄票据

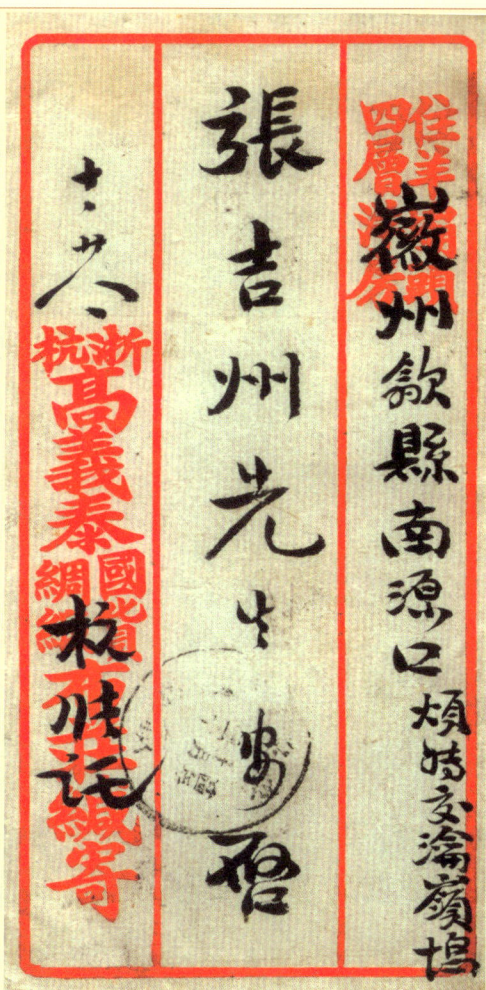

■浙杭高义泰国货绸缎布庄信封

世"的经营策略着眼，还是失少得多。

　　招待周到　各营业部均设头柜（营业主任），了解营业员接待顾客的状况，吸收顾客对商店的各种反映，提出做好生意的措施。要求营业员业务水平高（本店学徒要五年满师才能上柜做生意），不仅要懂得各种布匹的性能、用途、估料，还要配置殡殓的"寿衣"（棺内配件的估料，幅门计算，备有寿衣估计簿），对量、剪、包、算操作美观利落。交易100元以上的顾客，招待客饭。

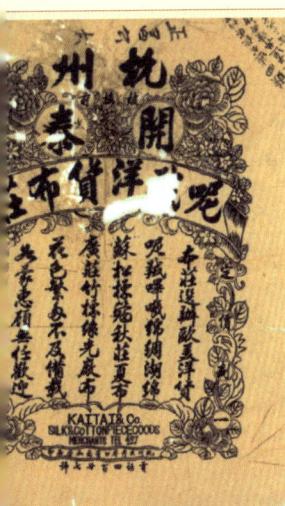

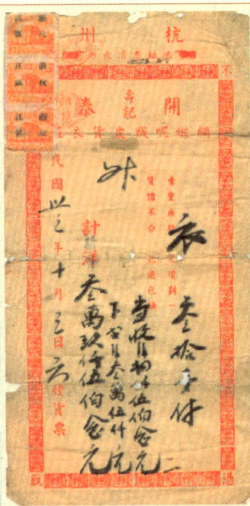

■左 杭州鼓楼前开泰呢绒洋货布庄广告　　■中左 杭州开泰布庄广告　　■中右 1929年，杭州
鼓楼前开泰和记洋货布庄发票　　■右 1944年，杭州忠清大街开泰寿记绸缎呢绒皮货衣庄发票

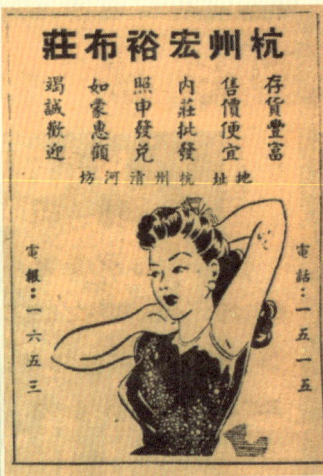

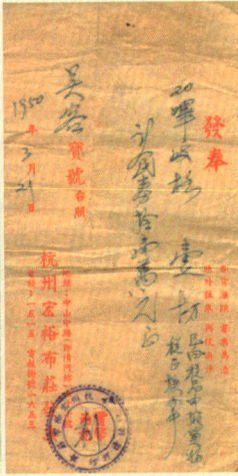

■左 杭州清河坊大街宏裕布庄广告　　■中左 杭州宏裕布庄广告
■中右 20世纪20年代杭州宏裕洋货布庄发票　　■右 1950年杭州宏裕布庄发票

管理周密　账货分管，进出分理，账归账，货归货，各司其责。认真收发核对，账目的查对核实，货房的发货验收，盘货的认真清理，定价的统一规定，都有专人严格执行。当时布业中曾发生过大批货物被私自运走、放出账款收入归私等问题，但高义泰在这方面防范比较严密。

适应市场需要　1930年间，杭州市布业同业公会会员有高义泰、元利、开泰、高仁大、元泰、一元、宏裕、德大、舒德裕、仁和、太和、丁同泰、丰泰

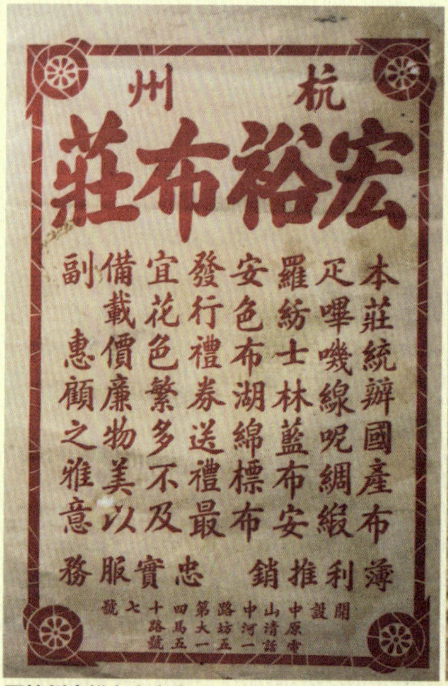

■杭州宏裕布庄广告

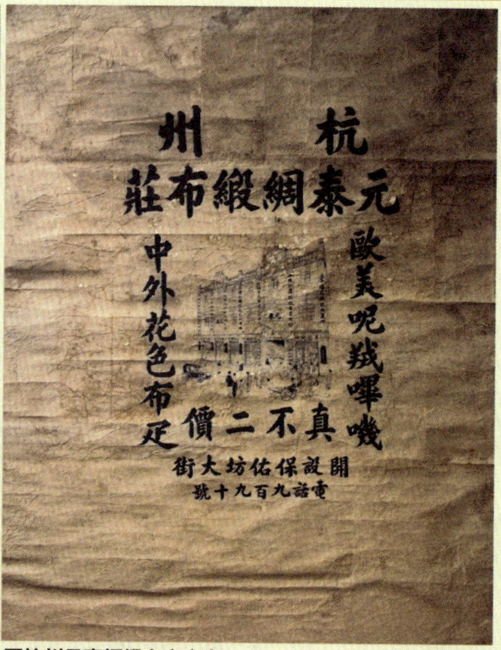

■杭州元泰绸缎布庄广告

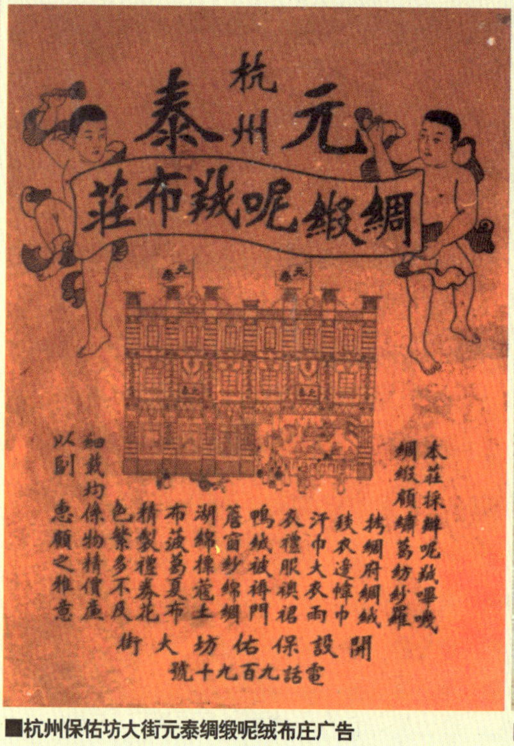

■杭州保佑坊大街元泰绸缎呢绒布庄广告

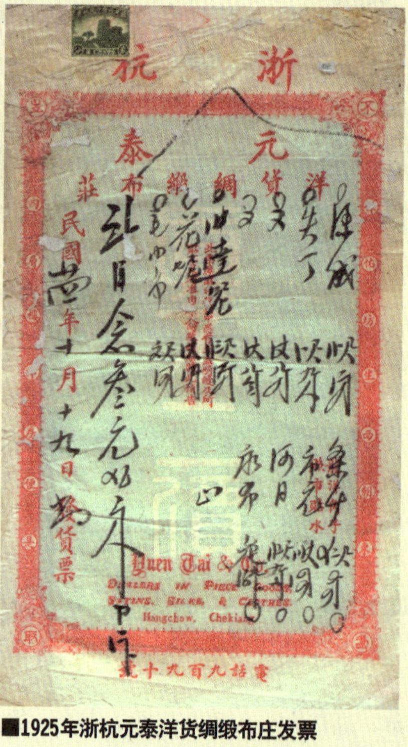

■1925年浙杭元泰洋货绸缎布庄发票

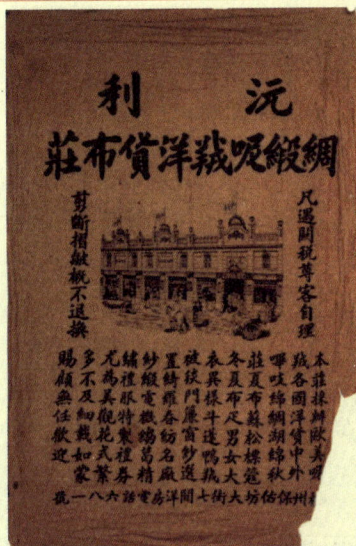

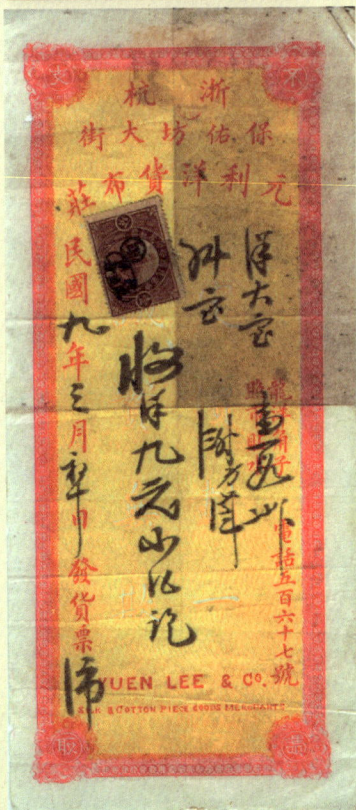

■上 杭州保佑坊大街沅利绸缎呢绒洋货布庄广告
■下 1920年，浙杭元利洋货布庄发票

共13家布店，各店都具有其经营特色。湖墅的舒德裕拥有苏北帮顾客，以经营夏布为主；开泰、宏裕拥有上江客帮，以批发营业为主；其他或做乡庄，或做墙门生意，各有主营业务。杭州的布店以零售布匹为专业，绸庄与布店在衣着上平分秋色。自辛亥革命以来，布店经营绸缎的业务不断扩大，绸庄业务大受影响。杭州没有专卖呢绒的商店，要买高档品的呢绒，就要到上海购买。有的布店限于地段、资金条件，大都不重视经营绸缎、呢绒等高档品。高义泰以其资金足、地段好、人才多、生意好、周转快的优势，扩大经营范围，加强棉布柜台，充实绸缎、洋货花色品种，特辟呢绒部，罗列中外毛织品。同时，整顿批发业务。经过一系列整顿、扩充，业务蒸蒸日上。

那时高义泰的职工待遇在同业中首屈一指。增加收入要"树上开花"，鼓励职工生意多做，店里多赚。收入项目：第一，薪金。总账、经理月薪30元，高级职员月薪20多元，一般职工月薪10多元。每年按15个月计算，大减价期间工资加倍，增加半月。以每月12元薪给的职员为例，如扣除假期两个月（请假要照扣），作13个月半算，为年薪162元。第二，柜川与圈儿。营业员做生

杭州

元利布莊

本莊專辦
呢羢嗶嘰
紗羅葛紡

綢緞顧繡文明禮
服羢雨衣大衣鴨絨
被褥絲邊窗紗愛設
國絲光色布綿綢
湖縐菝葛夏布名
機標蔻精製禮券
花色繁多不及細
載物美價
廉以副
惠顧雅意

開設保佑坊大街
電話五百六十七號

■杭州元利布庄广告

意，在成交金额中，提出0.8%作为柜川，其中30%归管理人员（出纳、货房等），70%归营业员，如交易100元，柜川0.8元，其中0.56元归营业员。每年做营业额万元，本人就有56元柜川。圈儿作为推销滞货或积压品的奖励，在标价票签上盖一个圆圈（也有盖两个圆圈的），每销圈儿货1市尺，等于卖出1元货的柜川，如销出100尺，即本人有0.56元的圈儿收入。第三，大小公记。大公记属木箱、包布、机头布、剪剩零料等，分批卖掉后，钱登在公记簿上。经销

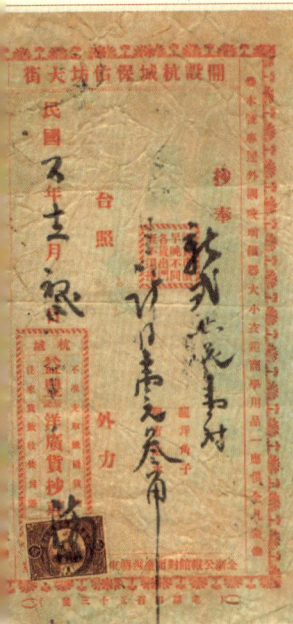

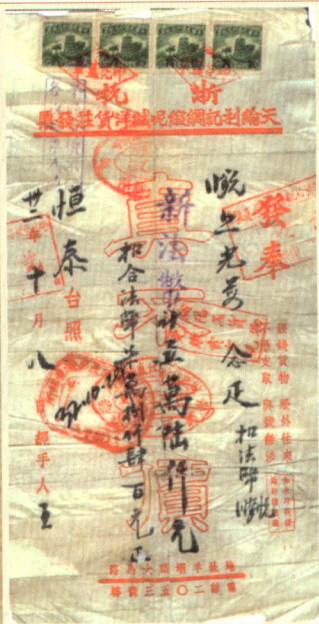

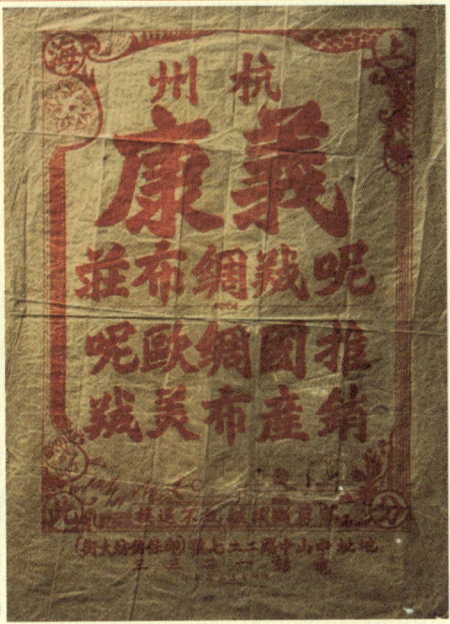

■左 1917年，保佑坊大街益丰景记洋广货抄庆发票 ■中 1943年杭州羊坝头浙杭天纶利记绸
缎呢绒洋货庄发票 ■右 杭州义康呢绒绸布庄广告

厂布每百元有1元回扣（由布厂奖给职工的），也陆续登在公记簿上，到年底平均分配，每人约有20多元收入。小公记系于农历十二月二十一日至年终的10天中，少量营业收入的银元、角子、铜板丢入柜台角里的大洋铁箱，到除夕按人数平均分派（这个积习老板是不晓得的），每人约有20多元收入。两者合计每年约有45元。第四，机头布。布匹在开剪前剪去头梢，卖完时留存尾梢，每年分两次，每人约得30多斤，估计值20元。第五，分红。每年盈余不一，最高年份盈利为10万元，一般营业员100多人分8000元为例，平常年景打6折可分4800元。由于职务和出力情况不同，每人的红利也不一样。第六，月规补贴。每月发1元的理发费；从立夏到中秋每天发洗衣费0.05元，共4.5元；伏天每天发0.05元的西瓜费，共1.5元。三者合计年收入18元。高义泰的中级职员，每年收入在300至400元之间。以6项收入的约计数为例子，其中含薪金160元，柜川和圈儿90元，大小公记45元，机头布20元，分红50元，月规补贴18元，共计

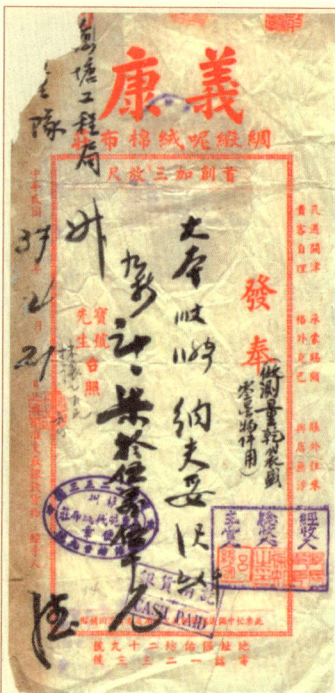

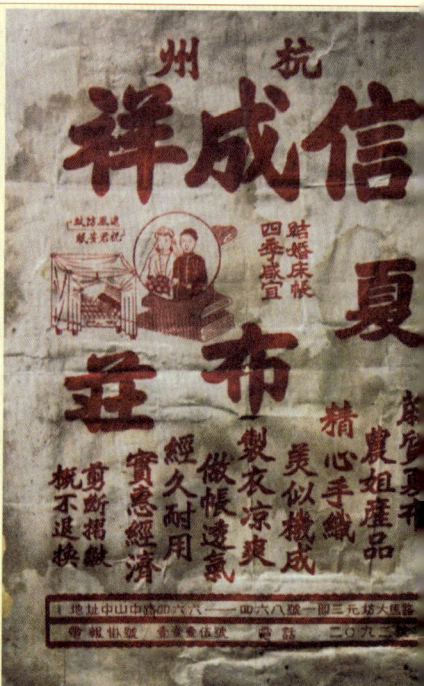

■左 1948年杭保佑坊义康绸缎呢绒棉布庄发票 ■中 1924年湖墅卖鱼桥舒德大洋货布庄发票
■右 杭州三元坊信成祥夏布庄广告，有"麻质夏布，农姐产品。精心手织，美似机成。制衣凉爽，做帐透气。经久耐用，实惠经济"的广告词

383元。喜庆婚丧可补贴200元（据说抗战前期有，以后取消了）。对外地职工管吃管住不收费（本地职工多数住在家里，只管吃）。吃是6人一桌，4菜1汤，逢初一、十五添肉一碗，节日备酒菜，6人一桌鱼圆席。初伏这天吃火腿冬瓜。其他个别的收入如放账、收账、挂宝笼、布置绸缎呢绒部，每年有津贴12－16元。介绍中西成衣的回扣，营业员本人每年约有10元津贴。

1937年8月13日上海淞沪抗战爆发，12月杭城风声日紧，高义泰准备内迁。当时有存货和现金约计20万元，货物通过省保安处，用13条大船装运至金华、兰溪，其中存上海的一部分后来运往香港的有3000匹。职员中半数随同去金华、兰溪，其余自愿离店的给遣散安置费。高义泰先后在金华、兰溪、丽水三处重新开业。当时日本飞机滥炸，三店都遭受过轰炸、火烧，又因货币贬值，市场萧条，各店员又不安心经营，稍有活动能力者纷纷离去。高义泰布庄

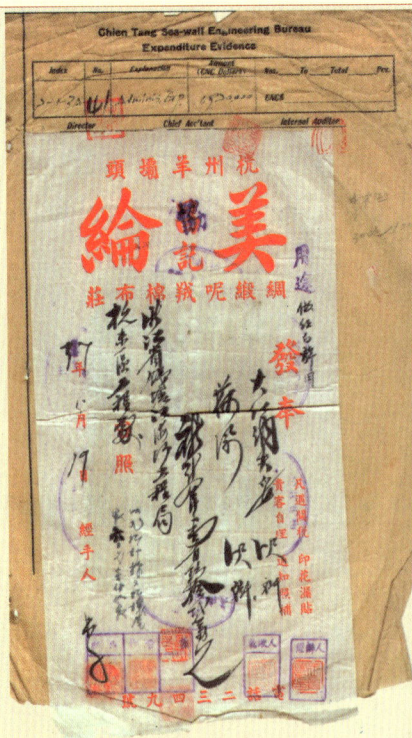

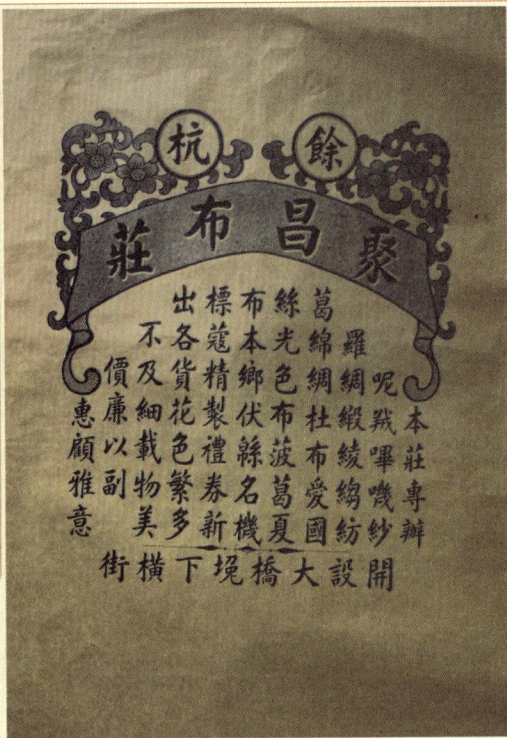

■左 1948年，杭州羊坝头美纶绸缎呢绒棉布庄发票　　■右 余杭聚昌布庄广告

维持到1945年抗战胜利，重回杭州时，所存货物现金已寥寥无几。

1943年傅齐敏带领叶庆生、吴秀山、陈盈科去香港，原想将3000匹布转运至金华集中经营，但香港在日军占领下控制甚严，只好在香港开裕大布号做批发业务。根据形势，认为在港不能持久，便将货卖掉，带现金至杭州。邱达卿、陈盈科等组建"义泰布庄"（因处于敌伪时期，去掉高字），以香港带回的现金及上海积存部分匹头作资金，于1944年重新开业。以邱达卿为总账兼经理，陈盈科为协理。

抗战胜利，高义泰布庄重新调整资金。高氏老大房下的6房，共出资3600匹（每房600匹），约计资本10万元。由于货币贬值，物价暴涨，门市店亏本过日子。经过劳资协商，解雇职工30多个，留店职员只有20多人。为了维持业

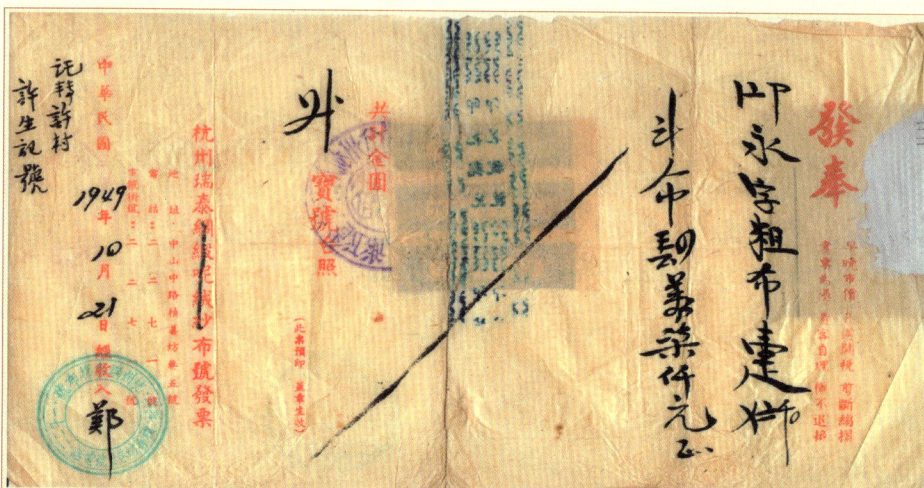
■1949年，杭州瑞泰棉布号发票

■杭州上仓桥陆东记土布庄广告纸

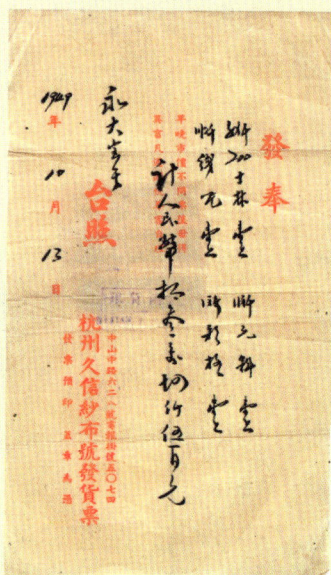
■1949年，杭州久信纱布号发票

务，将店屋的后进典押给杭州土产联营公司（求益新老厂房也转押与华欧糖厂，典价8000元），艰难地度过了几个年头。

解放后，至1956年核资时，以4层楼全部店屋与生财等以私股61122元，进入公私合营。1966年，高义泰改名为时新布店。至1984年，重新恢复"高义泰"的招牌。

■杭州汪恒泰棉织厂价目广告单

■左 开设于三元坊浙省于天顺号自运东洋广苏杭京货庄广告
■右 三友实业社杭州厂被单毛巾广告

银
杭
楼
州

○创创于清朝年间○

杭州的银楼业

自南宋建都杭州之后，杭州便成为当时全国的政治、经济中心。官宦巨贾云集，并仿照旧日京华习俗，以金银制成摆件、器皿、头饰等装饰品，以炫耀豪富或作馈赠之需，由此金银作坊相继设立。当时，官渐、商场大都在今鼓楼以南，金银作坊也依附其间。清代咸丰、同治以后，这些作坊渐渐发展，开始树立牌号，自备成品，陈列出售。最初创设的天宝、一元、九华等金银首饰店，多半由其作坊原址演变而成，但规模不大。各店手工精巧，制作认真。顾客除本地富豪及一般中产阶级外，还有来自金华、兰溪、衢州、绍兴、诸暨以及安徽等地者。

下页这张杭州鼓楼湾九华金银老铺的销货发票，原件长24.5厘米，宽9厘米，正面黄色底纹，红饰红字，毛笔填写。四角有"计数不冯"四字，上有店的地址、名称，还有金狮为记的金狮商标。中间有镂空字"定价划一，诚信无欺"。上端还加盖了红字："金价涨跌，早晚不同。甲子年六月拾壹日起，金银兑换进出尾找，一律改为大洋计算，此白。"发票背面上端非常醒目地贴着一枚稀见的褐色壹分"中华民国浙江印花税票"，印花税票中有"杭州总商

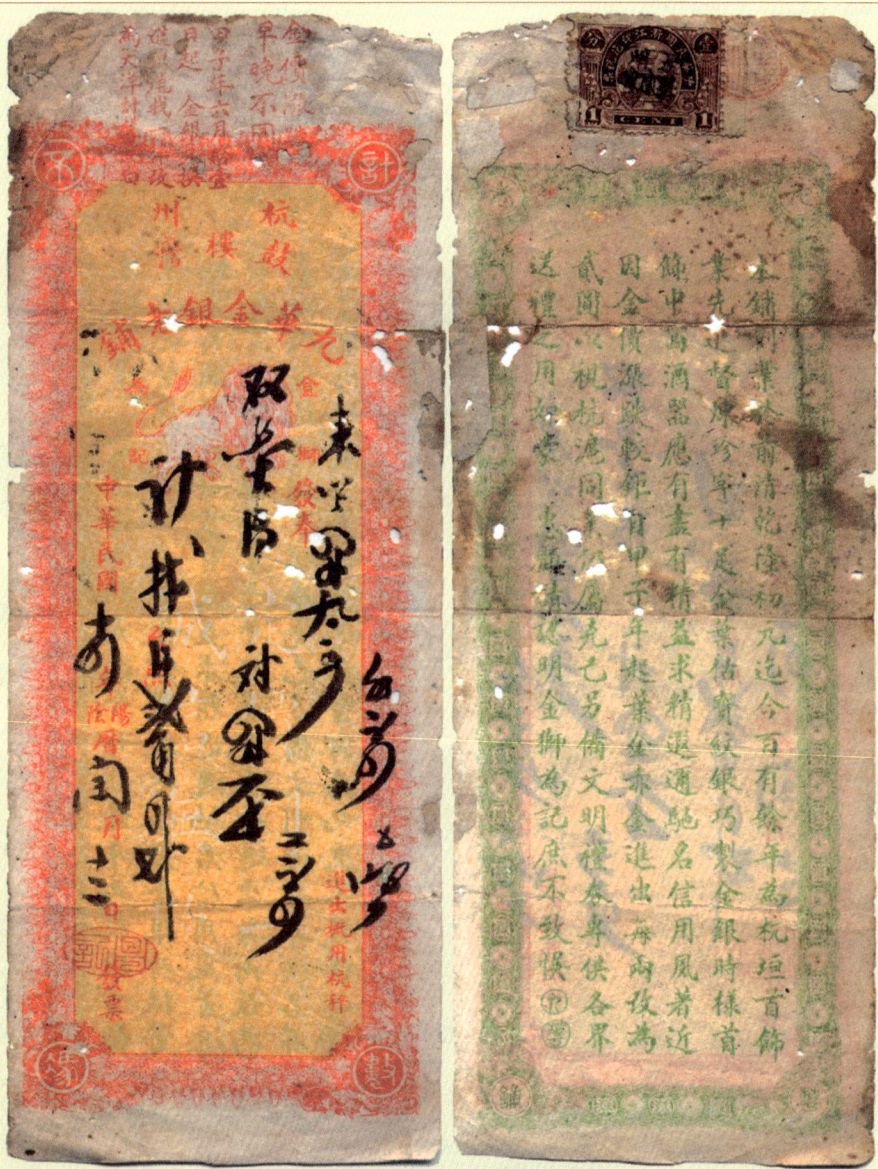

■1925年，杭州鼓楼湾九华金银老铺发票

会"黑色小印，另还加盖了"九华金铺"红色印戳。背面白底绿饰红字，四角为"九华金铺"四字，中间文字为"本铺创业于前清初元，迄今百有余年，为杭垣首饰业先进。督炼珍字十足金叶、估宝纹银，巧制金银时样首饰、中西酒器，应有尽有，精益求精，遐迩驰名，信用夙著。近因金价涨跌较巨，自甲子

073

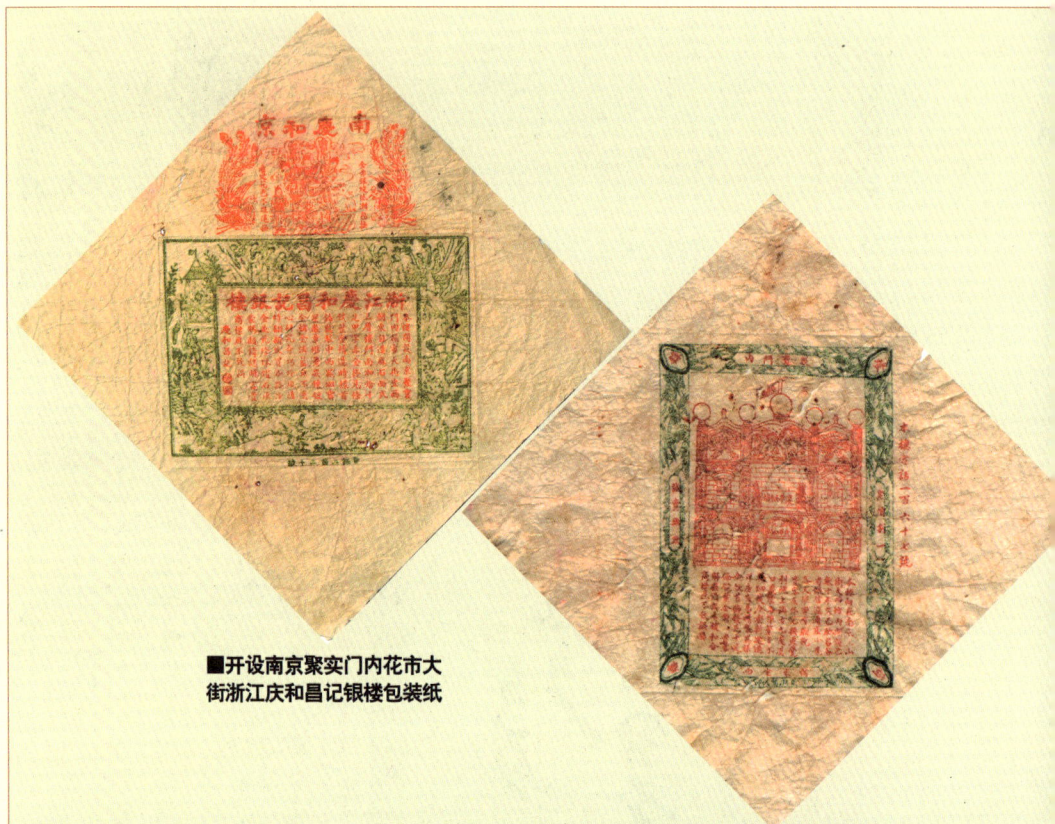

■开设南京聚实门内花市大街浙江庆和昌记银楼包装纸

■南京浙江庆华银楼包装纸

年起叶金赤金进出，每两改为贰元，以视杭沪同业仍属克己。另备文明礼券，专供各界送礼之用。如蒙惠顾，请认明金狮为记，庶不致误。"这张九华金银老铺的发票，即使以今天的眼光来看也是极其完整的，是研究老杭州银楼业的第一手资料。其末尾还有"另备文明礼券，专供各界送礼之用"，看来现今礼券盛行，民国时期早已有先例。发票中一再提及的甲子年，即1924年。军阀混战，政局不稳，民不聊生，金价早晚不同。

1865年，上海方一家来杭，在清泰街珠宝巷口开设信源银楼（金铺），投资很大，备货较多，成为规模最大的银楼。该店以金银饰物为主，并兼营参燕业务。但经营不善，后由胡庆余堂胡雪岩的外甥范越丰接办。范整顿内部，广罗技工，以十足赤金，十足纹银，招徕顾客，一时生意鼎盛。但时日一久，质

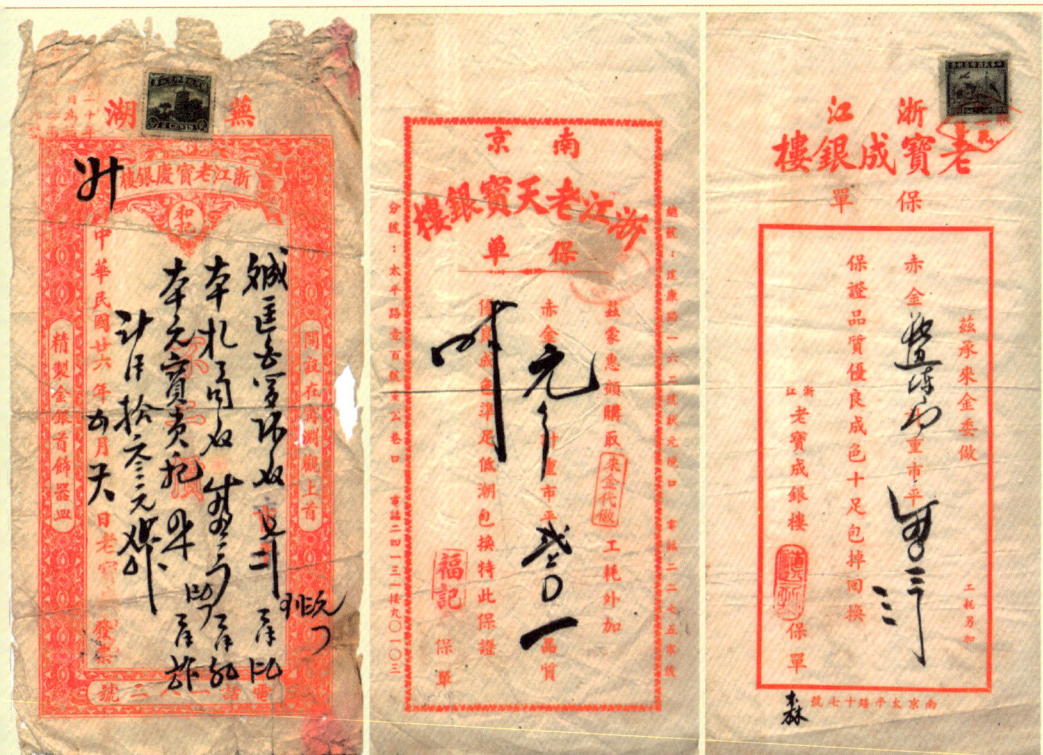

■1937年，芜湖浙江老宝庆银楼发票 ■南京浙江老天宝银楼保单 ■南京浙江老宝成银楼保单

量逐渐下降，更因金银饰品究非一般人民生活必需，业务渐见衰退，乃于1890年为胡雪岩的侄儿胡止祥所继盘。胡为了显示质量大有改观，采用民间传统工艺，以黄金十两手工打成金叶96张（长3寸阔2寸）。除在首饰背面加盖牌号外，并盖上"叶金"硬印，取信于民。在分量上加放3‰，使顾客感到在信源买东西不吃亏。在接待顾客方面，杭嘉湖等外地顾客来购买首饰，招徕一宿一餐，形同行僧挂单，不另取费。如若为人代购首饰，则赠以千分之一捎带报酬。为了招徕顾客，广为宣传，在首饰包装纸上刊印："货真价实，童叟无欺，本楼开张百有余年，自炼十足条银、金叶，自制金银首饰，经营珠宝玉器，精工镶、嵌饰品，顾客售去，如发现成色不足情况，请到本楼调换，退货还洋，来往费用由本楼负责。"由于改善了经营管理，注重质量，信源银楼信誉日增，远近成集，经久不衰。其时上海姚某也来杭，在珠宝巷汇源银楼原址

075

开设乾源银楼。1918年绍兴盐商鲍雪程亦在杭州开设义源银楼。这三家银楼以信源牌子最老，营业最好，乾源、义源两家银楼只有信源的50%。

据1946年《浙江工商年鉴》载，杭州以清河坊、中山中路为中心，设有50余家银楼，信源银楼经理黄文灿为杭州金银业同业公会理事长。

据黄文灿回忆，第一次世界大战后，抗战前夕，信源有职员40余人，工人60余人。业务最好约在1917年前后，每天信源生产首饰300两左右，规模已相当可观。按工人和职员的技术水平与产量的多少支付工资，一个中级职员年工资（包括其他辅助收入在内）约1000银元；工人约500银元；学徒200银元；上海聘请来的镶嵌工人，年工资1200银元，还供给膳宿。而乾源、义源银楼职工的收入，只有信源的一半。至杭州解放前夕，信源尚有职员30余人，工人30余人。

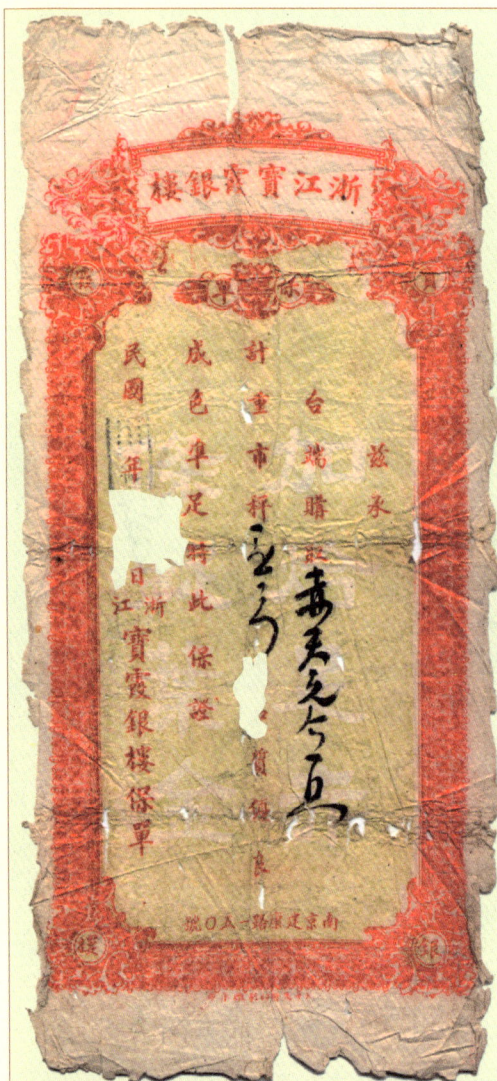

■南京浙江宝霞银楼发票

■浙江老丹凤金号首饰盒

工资以大米为标准，分3石（每石156市斤）、4石、5石，最高为6石，当时将大米折合金子，以3钱、4钱、5钱、6钱付给职工，所以生活比较稳定，受旧社会通货膨胀的影响较小。

1914年第一次世界大战爆发，国际市场上大量抛售黄金，金价大跌，从45元一盎司下跌到18元一盎司，我国民众却趁机收藏黄金，所以金铺、银楼营业突然增加三倍，这是银楼业全盛时期。第一次世界大战结束，金价开始回升，从最低的23元一盎司上升到75元，1935年以法币（纸币）代替硬币，金价暂时稳定。1937年抗日战争爆发，黄金价格又由78元一盎司上升到120元，1938年上升到170元，1941年则上升到1000元左右。汪伪政府将法币改为储备券后，上升到每盎司2000元。由于伪币发行无限制，物价上涨，直接影响到人民的生活，老百姓把金子当筹码，不管牌子，只要是金子，买进算数，收藏黄金之风越来越盛。抗日战争胜利后，杭州除了信源、乾源、义源三家大银楼外，中同行还有老凤祥、裘天宝、方九霞、源云、老九霞、恒孚、三源、杨庆和等14家中等银楼，同行亦如雨后春笋般发展到32家。

民国时期，杭州的金银业不仅有同业公会，由于职工人数众多，还在马市街成立有金银业职工会。

到了解放前夕，黄金和银元成为货币筹码，在水漾桥到堂子巷口，出现了一批黄金、银元贩子，进行投机贩卖活动。珠宝巷内开设黄金交易所。建国后，人民政府采取措施，取缔了投机活动，保证了物价的稳定。1949年6月12日，华东军区公布了金银管理暂行办法，银楼就此全部停业。

浙江和杭州的银楼由于货真价实，做工精细，赢得了许多外地顾客信睐。由此，浙江和杭州的银楼老板还到外地开设金银铺。在台北闹市还可见到不少标有"浙江"银楼老字号的大幅招牌。民国时期浙江杭州金银首饰业已走向全国。

○创建于清·同治元年（1862）○

孔凤春香粉号

杭州的化妆品店，1931年全市有16家，比民国初年增长了8倍，全都集中在城区，总资本2.56万元，从业人员91人，营业额27.57万元。以清和坊（南号）、官巷口（北号）之孔凤春化妆香粉号、太平坊之广生行有限公司、忠清巷之戴春林普记香粉局等较为有名。

老城市系列《老扬州》中记述有扬州"谢馥春香粉店"的"五桶为记"商标官司，民国四年（1915）由大理院裁决获胜，称其为中国首宗商标官司。而杭州孔凤春的商标诉讼获胜于光绪三十四年（1908），并有省局执照为凭，比扬州谢馥春要早八年。这才是中国诉讼获胜的首宗商标官司案。

解放初期，杭州的闹市口是官巷口。文革中的六七十年代，武林门成为杭州新的市中心。1929年西湖博览会时的民国时代，杭城的市中心闹市口却在清河坊与中山路的交叉口，人称清河坊四拐角。创立于同治元年（1862）的孔凤春香粉店位于清河坊四拐角的西南角，因用料讲究，制作精细，香气馥郁，深得顾客喜爱，即杭州的特产"五杭"中的第二位"杭粉"，是民国时遐迩闻名的杭州特产名店。

杭州特产孔凤春香粉在晚清就非常著名，有丁立诚《武林市肆吟》诗为证："胭脂彩夺孙源茂，宫粉首推孔凤春。北地南朝好颜色，蛾眉淡埽更何人。"还有说明："孙源茂胭脂、孔凤春香粉贩运西北最盛。"

◎打响中国首宗商标官司的孔凤春香粉号◎

孔凤春历史悠久，自创业以来，经历了几个时代，动荡起伏，历尽沧桑。

孔家原在萧山，后迁居宁波。育有三子。老大孔传之学木工手艺，老二孔传洪做"刨花"生意，老三孔传福学染布。兄弟三人因宁波生活景况不佳，在咸丰年间迁到杭州，在清河坊设摊，经营鹅蛋粉、刨花儿等零星日用品的小买卖。旧时妇女美容、绞面要用鹅蛋粉；刨花儿可用水浸泡出有粘性的水，妇女梳头、演戏的旦角用它来造发型、贴鬓发（行话叫"贴片子"）。摊子虽小，但商品对路，生意逐步做开了。经过几年的经营，积累了一些资金，又向友人处借贷900元，于1862年在清河坊四拐角西南面创办起孔凤春香粉店，专营化妆品。兄弟三人，和衷共济，业务蒸蒸日上，每年都有盈利。并请到两位内行的老师傅，一姓倪，一姓潘。他们两人对化妆品制作工艺熟悉，技术精良，尽力辅助孔家办店。兄弟三人如鱼得水，对这两位师傅言听计从，通力合作。孔

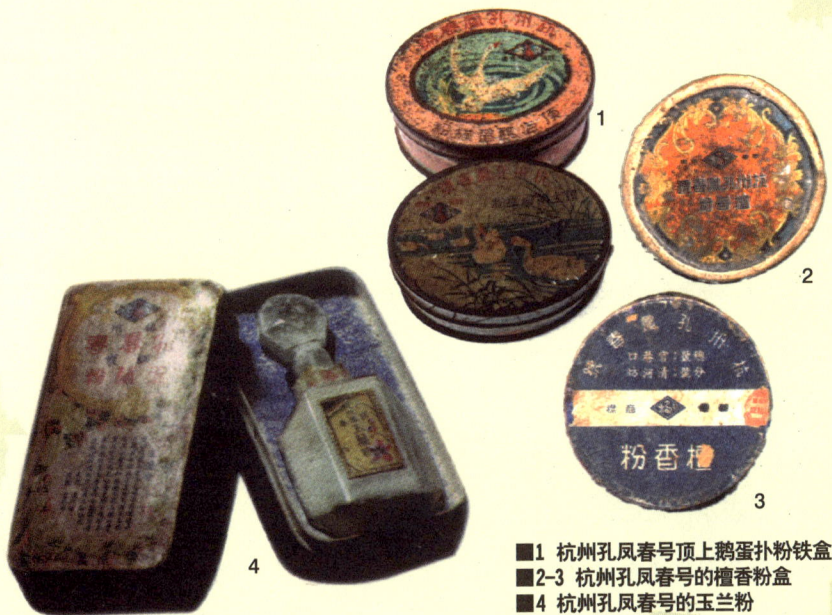

■1 杭州孔凤春号顶上鹅蛋扑粉铁盒
■2-3 杭州孔凤春号的檀香粉盒
■4 杭州孔凤春号的玉兰粉

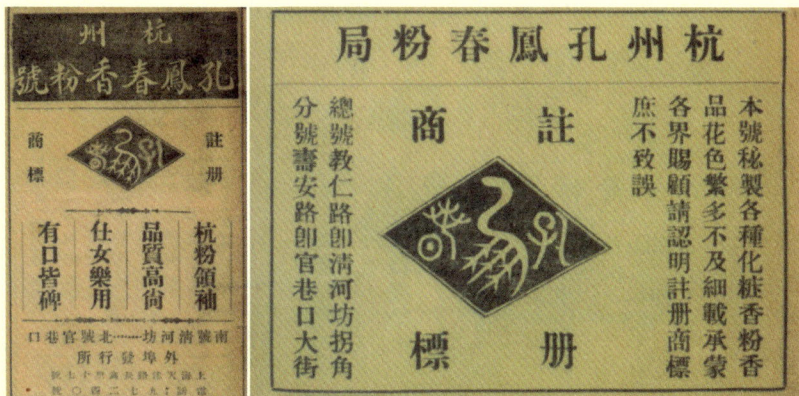

■20世纪30年代孔凤春香粉号的广告和杭州孔凤春粉局广告

■建国初杭州孔凤春化妆品厂孔凤春虎跑清凉油

凤春后来发家奠基时，为纪念这两位老人的恩惠，每逢祭祖时悬挂起两位老人的画像，同受孔家的香火。孔家后裔中有两人的名字用倪字作排行，如孔倪奎、孔倪承，也是表示对老师傅的恩惠铭刻在心，使后辈永记不忘。

孔凤春经过多年的苦心经营，积资已丰，谋求发展。先购进清河坊店基作为据点，以后又购得官巷口双开间店屋。该屋前临中山中路大街，后傍河道，

■上个世纪杭州孔凤春生产的上好生发香油瓶、造型还是当年很流行的，做功也很精致

原物料装运方便，前店后场，实用面积大。业务中心遂移到官巷口，以官巷口孔凤春为总店，聘徐子林为经理。清河坊老店为门市部，共有职工四十余人，头柜杨财宝。除生产原有的鹅蛋粉及生发油外，又增加了高级生发油、花露水、雪花膏、纸袋装玳玳粉、茉莉花粉，兼售高级香皂、香粉。由于讲究质量，备货齐全，受到消费者信赖，在同行中业务首屈一指。

阴历二月间是农闲的时候，江南地区乡镇农民成群结队在"香会"头头的带领下，到杭州烧香还愿。湖州、嘉兴一带的香客，由水路乘香船而来。金华、兰溪方面或乘船循钱江或从陆路来杭。孔凤春在"香汛"期间，单是水路要接待400号"香船"；一船称一号，每船乘40人左右，总数约计1.6万人左右。店门未开，顾客挤满；从大清早直到晚上，顾客不断，柜台前站满几批人，职工吃饭只得轮班。一天工作长达十几小时，营业额高的一天达七八百元（可购白米130担左右）。当时的鹅蛋粉低档的仅售十几个铜板，高档售4角左右，可见"香汛"季节的忙碌景象。经理为了讨好职工，每餐伙食根据营业额大小或增加红烧肉，或鸡、火腿，以

081

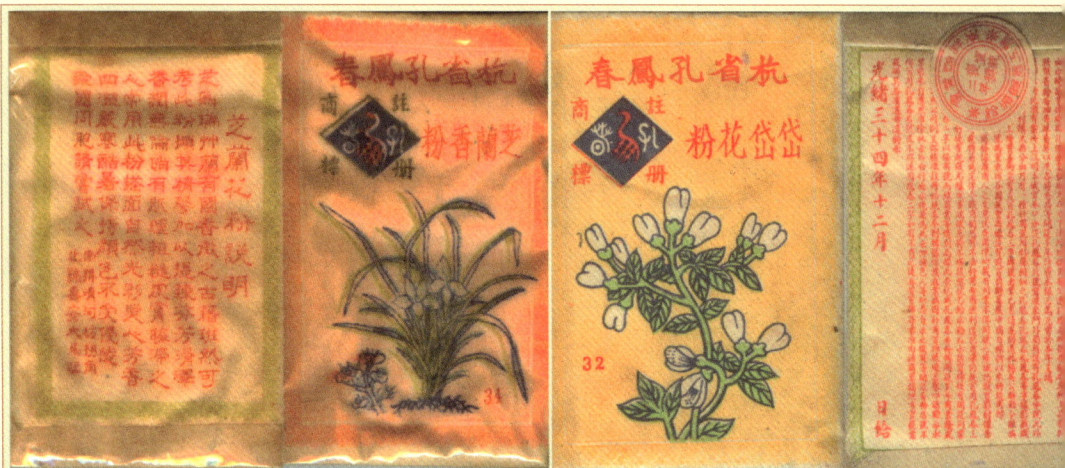

■杭省孔凤春芝兰香粉

■杭省孔凤春岱岱花粉，背面有光绪三十四年（1908）浙江全省农工商矿总局晓谕，展示中国首宗商标官司

示慰劳。

俗话说"三冬靠一春"，对孔凤春来说，一春就是指"春香"，"春香"的营业额是孔凤春一年中的黄金时期。他们摸索顾客的心理，编成谚语招徕香客："买块花儿粉，蚕花廿四分。"农民很乐意听这类好口彩。养蚕是"下三府"农民的主要副业之一，养蚕收成好与差，将决定农民生活能否改善。农民来杭州，一定要上城隍山烧香还愿，再往闸口天龙寺参拜蚕花娘娘，祈求蚕茧的丰年到来。临行前到胡庆余堂买点避瘟丹、六神丸，可治小病，再到孔凤春买点化妆品，至少买块鹅蛋粉，讨个好口彩，图个吉利。

孔凤春的盛名之所以历久不衰，主要是用料考究，制作精良。比如王牌产品鹅蛋粉的生产：先把经过细碾的石粉和铅粉倒入清水中加以搅拌，经过漂洗、沉淀，然后倒去不纯的水和杂质，经过多次反复过滤，提炼纯净，再加入"蛋青"。这种粉质就显得异常细腻洁白。在未干燥前用模具印成椭圆形，再放在阳光下晒干，但不能以烘代晒，烘干会使粉质变黄，表层起泡。最后以手工削成鹅蛋形，再从鉴臣洋行进口香精（如玫瑰、茉莉、桂花、檀香）进行外涂内注（外涂：将香精用排刷涂上去，一层干了，再涂一层，反复地涂，使香精吃透；内注：在鹅蛋粉正中穿上细孔，将香精注入鹅蛋粉内部，然后将细孔封住）。鹅蛋粉经过这样处理后，香气经久不散。这是后期扩大生产后的制造

法。前期的老方法是用鲜花薰香法，使制鹅蛋粉的粉，大量吸收鲜花香味，使其既馥郁又自然。这道工序非常麻烦，环环相扣，一丝不苟。而且收花、藏花、腌花、薰香都要严格掌握季节，这样产品的质量、香气才有保证。但鲜花薰香法只适用于小生产制作，扩大生产就不适用了。

孔凤春第二个王牌产品是生发油。最初以茶油为主要原料，茶油严寒不冻，盛暑不溜，传说经常使用此油，能使白发变黑。后因茶油来源缺乏，改用白油。这是一种矿物油，是从石油中分离出来的碳氢化合物，又名液体白腊，也可作医药上用的润肠剂。孔凤春采用白油及进口香精，有红白两种颜色，红色鲜艳，白色皎洁，深得顾客喜爱。生发油在孔凤春经营史上也享有一定声誉。

孔凤春对商品包装十分重视。高档的鹅蛋粉以玻璃锦盒盛装，低档的以精制纸盒包

■上　上海二马路久记老戴春林花粉局杭州岱岱花粉
■下　民国十八年（1929）浙省孔凤春香粉总局发票。除有登录商标外，上首正中同样刊登有光绪三十四年浙江全省农工商矿总局晓谕

装。用过的盒子，香味文雅、馥郁，留香不去。

孔凤春经营的黄金时代，是20世纪20年代至30年代，也即西湖博览会前后。1929年的西湖博览会上，孔凤春的香粉还获得优等奖状。二只铁盖大小相近，图案虽不同，店号、商品名、商标却一样，一只铁盖中还有香粉，虽历经七八十年，仍然香气馥郁。

孔凤春的芝兰香粉和岱岱花粉，是七八十年前纸袋装香粉，现在依然香气十足。实物高7.5厘米，宽5.5厘米，两只孔凤春香粉使用商标都是孔雀商标。岱岱花粉背面还有光绪三十四年十二月浙江全省农工商矿总局颁给孔凤春的执照，记述了孔凤春诉讼获胜全国首宗商标官司的原委，全文如下：

出示晓谕，事据职商孔继荣禀称，职商在洽下清河坊拐角，有父遗孔凤春牌香粉局，专办上品香料，精制香粉、香油、香珠、香皂等，开设多年计资本三万元，曾于本年呈请：商部注册批准有案，册上注册本城官巷口分设孔凤春北号，宁波东部外围角设有孔凤春分号。此外各省、府、厅、州、县、村、镇并于分出。乃有一种奸商混用形声相似之孔凰春、孔凤春、扎凤春等字样，影戳职商牌号。甚至今夏上海宝善街，竟有直冒孔凤春三字牌号者。案已禀请沪关道批饬英公廨，勒令撤换完案。窃思商业以牌号为重，东西各国最重商标，设有假冒罚办綦严。中国自维新以来，特设商部，钦定商律，具见振兴商务保护商人之至意。伏查商律所载有同业不得同号之条，诚恐假冒影射，攘夺利权，大于商业有碍，故特著文定律。今职商犹恐有不少奸商希图渔利，违犯商律，仍敢冒用孔凤春三字牌号，以致各业利徒群起效尤，酿成事端，后患将不堪设想。伏气给示，勒石永禁冒牌。后有开设同业者不得运用凤春二字，以保商号。而维商业等情到局。据此，查杭城孔凤春香粉铺开设多年，商业隆盛，前经该商照公司例，呈部核准，注册给照，并奉札转饬保护在案。兹因奸商冒牌，败坏名誉，叩请给示永禁，前来自应照

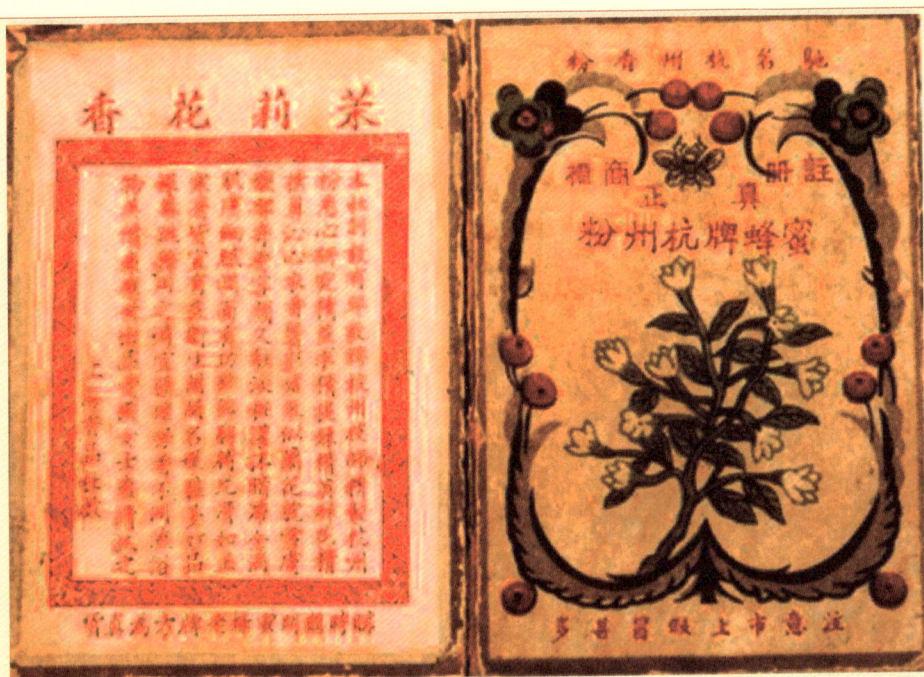
■真正蜜蜂牌杭州粉

准。除批示外，合行出示晓谕为此，仰诸邑人等知悉，自示之后，尔等开设香粉店不得冒用孔凤春名号，并不得连用凤春二字，如有不肖之徒再有冒牌等事，准由该商禀请地方官提案严办，其各凛遵毋违。特示。

光绪三十四年十二月，即1907年12月，距今已近百年。今日现代报刊、电视媒体频见报道的商标盗用，在百年前的杭州早已有之。孔凤春商号声誉日隆，什么"孔凰春"、"孔凤春"、"扎凤春"形声相似之品牌频频冒出，三字不能用，就用"凤春"二字，浙江全省农工商矿总局深明商情，依据钦定商律，明示给予执照，对冒牌者明令取缔。

袋装香粉上还粘贴有小圆标签，其图案、文字和"宣统二年南洋劝业会农工商部颁给褒奖章"一模一样，说明杭州孔凤春在南洋劝业会也得过金奖证书和褒奖章，只是岁月淹没，具体获奖情况，已无从查考。

上海久记老戴春林花粉局也有出品"杭州岱岱花粉"，其正面有"国民政府实业部注册"字样，背面有"飞孩拥花"注册商标及厂址（上海二马路画锦

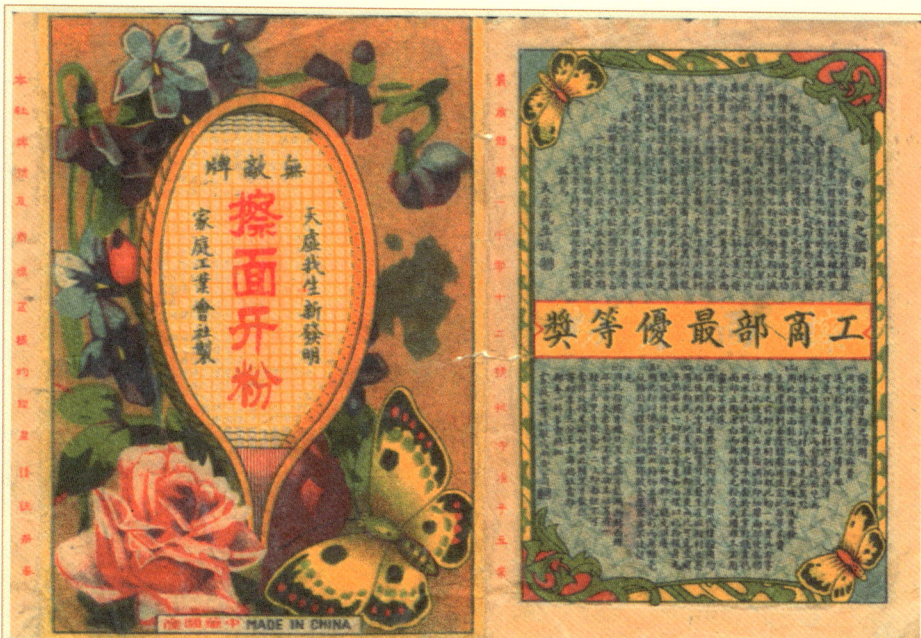

杭州老字号系列丛书

百货篇

■无敌牌擦面牙粉，背面是工商部最优等奖，由天虚我生新发明。天虚我生即陈蝶仙，杭州文人，著述甚多

里嘴角）。上海花粉局标出杭州岱岱花粉，说明杭州香粉业影响之深远。上海香品社出品"蜜蜂牌杭州粉"，正面有"驰名杭州香粉"，"真正蜜蜂牌杭州粉"的注册商标蜜蜂。背面有介绍，起始就写："本社创设百年，敦聘杭州技师，精制杭州粉……"一再强调杭州香粉、杭州技师，是否真正学习孔凤春，尚不得而知。但杭州香粉对顾客的诱惑、影响可想而知。

抗日战争开始不久，杭城陷落，霎时成为一座死城。工商业停顿，民不聊生，老百姓叫苦不迭，孔凤春也遭恶运。绝大部分职工被遣散回乡里暂避。六老板孔炎斋在上海四明银行任职，他办事练达，顾全大局，建议分散资金，转移上海，另做打算。于是聘请陈四海为负责人主持业务，在上海天津路长生里设立发行所，工场设在淮海中路，以前遣散的职工闻讯陆续赶来上海，凑成一套有力的班子。业务开始不久，陈四海无暇兼顾辞去职务，又聘请方寅岳为经理，负责发行所业务。发行所实际是孔凤春的总管理处，杭州的业务、经济调度、原料输送接应都由上海节制。产品有雪花膏、莲花露、花露水、生发油、袋装茉莉花粉，等等。推销方法有看样购货，送货上门，不合销可退，月终结账。街头巷尾每个

角落的小商店都去推销，推销员按成提取佣金。由于生意做得活，填补了市场空白，产品翻新快，尚能站住脚跟。但是上海毕竟是全国商业中心，商战最激烈的场所，同业众多，各有神通，产品都有一定的特色。如大陆药房的雅霜，家庭工业社的蝶霜，还有面友、百雀羚等，都是劲敌。孔凤春能跻身于上海化妆品行列，确非易事。孔凤春在上海发行所经营八年，于1947年将业务结束，仍归并杭州。

杭州沦陷后，敌伪组织维持会，用软硬兼施的手段，威逼商店复业，孔凤春只得开门应市。这时已由上海发行所管理杭州，杨财宝头柜改称管理员，权力有限；四老板孔旭初参与店务。敌伪时化妆品生意清淡，除护肤霜一类尚有销路外，其他商品乏人问津；零拷雪花膏、生发油的做法，应运而生。孔凤春惨淡经营，勉力维持。

孔凤春经营的黄金时代，是在20世纪20年代至30年代初期，自抗战以后，逐步衰退。

抗战胜利后，国民党接收人员大发国难财，社会秩序混乱，民不聊生。工不如商，商不如囤。孔凤春不得不囤积一些原物料，以保币值。1947年，孔凤春上海发行所归并杭州，方寅岳辞去经理之职，自营科瓶业务，曹孝融升为经理。由于政局动荡不已，百姓惴惴不安，工商业无保障，曹孝融无法挽回物价冲激的狂澜，孔凤春处于风雨飘摇之中。孔凤春资金并不雄厚，加之经营管理保守，产品花色、包装、装潢等不及上海同行更新换代快，因而业务日趋衰落，困难重重，奄奄一息。1949年杭州解放，孔凤春才重新恢复生机。1956年初，"香汛"到来，杭嘉湖四乡农民纷纷来杭进香，孔凤春业务才有好转；1956年公私合营，成立孔凤春化妆品厂；1958年并入东南化工厂，生产雪花膏、生发油等；1980年重建孔凤春化妆品厂。

■位于清和坊四拐角的宓大昌烟店（20世纪80年代）

○创建于清·同治八年（1869）○

杭烟鼻祖宓大昌

杭州并不产烟叶，但是却生产上好的旱烟，是"五杭"特产之一。晚清杭人丁立诚《武林市肆吟》有诗赞美杭烟，曰："金丝细切淡巴菰，捐忿除烦气息苏。四海名扬陈四海，氤氲瑞霭达皇都。"并有说明："陈四海杭烟，名曰'陈寄'，四海驰名达昌字号。"

■晚清杭城保佑坊拐角陈四丰烟栈广告纸

　　遍查资料，民国时期已无达昌烟号或陈四海的烟号老板。上图是晚清杭城保佑坊拐角陈四丰烟栈广告纸，古色古香，可一窥百年杭烟老字号丰采。而杭烟历史最悠久、规模最宏大，号称鼻祖者，则是杭城清河坊四拐角东南角的宓大昌烟店。

　　宓大昌烟店创始于清同治八年（1869），以产销旱烟出名，是驰名全国的"杭烟"鼻祖。创办人宓庄晓，浙江慈溪宓家埭人，原在杭州湖墅当刨烟工人，靠劳动收入积累一些资金，到清河坊开设了宓大昌烟店。在外国卷烟侵入我国市场以前，我国人民惯用长烟管吸旱烟，宓大昌产销的就是这种旱烟。经过多年经营，宓大昌逐步发展，闯出了被誉为"杭烟"的名牌。此外，宓大昌也经销各地名产如皮丝、水烟、潮烟、鼻烟等，成了名烟齐备的著名烟店，打开了广阔市场，远销到新疆、云南及东北各省，生意十分兴隆，全年净利达2.2万银元。全店（包括工场）职工由几个人发展到四百多人，资产积累高达五十多万元，这不仅在杭城，在旧中国独资经营的手工业商业企业中也算是佼佼

■卖烟叶（20世纪20年代）

者了。到了20世纪初期，虽有外商在中国设厂制造卷烟，城乡人民还是吸旱烟的多，旱烟仍然畅销，因此宓大昌始终保持兴旺势头。

下页的几幅晚清刨烟、卖烟、整烟杆等烟业市井画，展示了百年前吸旱烟民俗。

抗日战争开始，宓大昌经受到由盛到衰的厄运，处境日趋险恶。1937年冬杭州沦陷，店主避居上海租界，店里职工大都逃回慈溪、萧山等地，留杭的仅百人左右。在敌伪威逼下，宓大昌不得不复业，也只是消极应付，将库存原料逐步脱售，把所得现金汇到上海宓大昌临时会计处。但库存铜元2000包（每包100枚）全被日军抢劫一空。1938年10月，宓大昌在嵊县设立支店，开工复业，并在绍兴小江桥设立门市部，每天仍能销售烟丝一千多斤。1940年冬，萧山、绍兴、嵊县相继沦陷，嵊县支店又被日本宪兵队抢去烟叶一千余件（每件60公斤），十多名工人被杀害，数十名工人被"拉夫"。至此宓大昌元气大伤，支店勉强维持到抗日战争胜利。

抗日战争胜利至解放前夕，国产卷烟和外国卷烟充斥市场，城乡盛行卷

刨烟

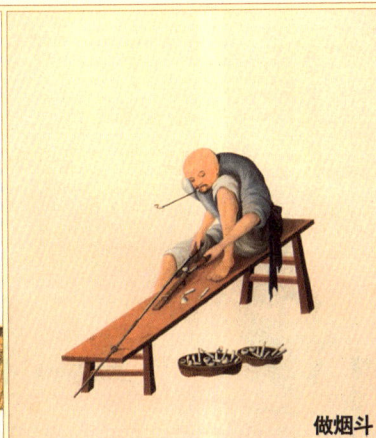
做烟斗

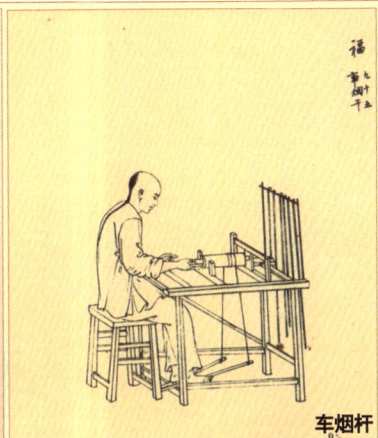
车烟杆

熨烟杆

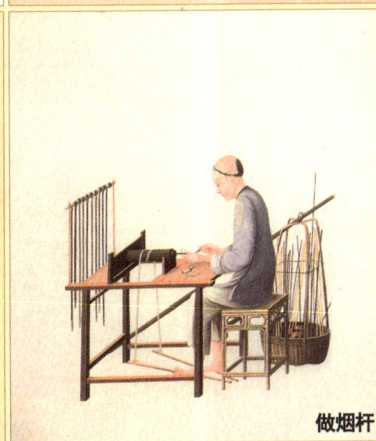
做烟杆

卖烟

烟，恧大昌业务日益缩小；各股东慑于形势，相继抽回资金，名牌老店已奄奄一息。解放后，在党和人民政府的扶持下，恧大昌才得以重振旗鼓。1956年，恧大昌烟店实行公私合营后，刨烟改用机器，多余工人由特产公司调到别的企业单位。1962年，恧大昌烟店改名为庆丰烟店，不久即结束土烟丝的生产。誉为"杭烟"的恧大昌旱烟终被行销广泛的卷烟所完全取代，百年名牌老店恧大昌也成为历史名词了。

下页晚清市井画，无一例外，人人都叼着旱烟杆，喷云吐雾，此种景象今已很难见到。

恧大昌店主白手起家，从小到大以至几乎垄断江浙烟业，且能维持百年之久，关键在于经营管理上的独创性。

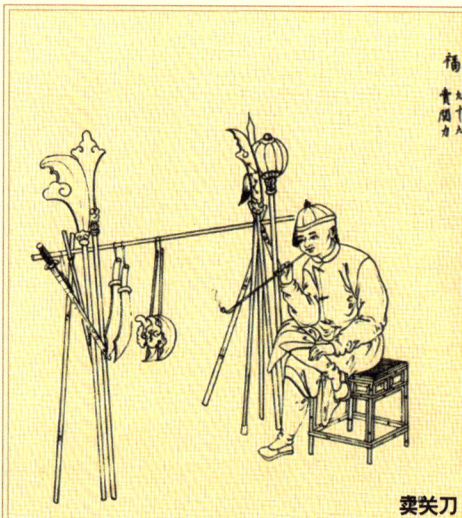
卖关刀

290
收整木料

30 卖杂货

卖花

■晚清市井画，入画者都吸旱烟

　　宓大昌开业时，杭州已有十多家旱烟店，到后来只存宓大昌一家，其余都被淘汰了。根本原因就在于店主宓庄晓深知经营之道，有一套经营本领，概括起来就是两句话："优质扩大销路，低价吸引顾客"。利润不过5厘，旱烟质量却始终如一。宓庄晓过人之处，还在于他有一股艰苦创业的韧劲。那时店家不用广告招徕生意，他却别出心裁，每天带着宓大昌旱烟，去乘各路航船，在船舱内抽吸旱烟，也分送给邻座乘客抽吸。他苦心孤诣，天天以乘客身份出现在各路码头、航船，果然打开销路，生意越做越兴旺，规模由小变大，"宓大昌旱烟"这块牌子打响了。再加质量靠硬而价格低廉，远近闻名，顾客不招自来，各路码头的烟店纷纷委托航船进货。凡是较小的乡镇，宓庄晓又请航船沿途停靠，派人上岸推销。大大小小的乡村市镇都有经销宓大昌旱烟的店铺。航船的开航时间很早，宓大昌就抢在开航之前，大清早忙着发货，既不耽误航班开航，又方便近郊的脚夫小贩。以送货行销代替等客上门，以经营的灵活性招徕各地买主，不论营业好坏，始终坚持质优价廉、薄利多销原则。即使烟叶收购价调高了，成本增加了，旱烟售价照旧不变，质量保证不变，以保持信誉，赢得买主近悦远来，因此业务蒸蒸日上。

左图为晚清浙杭大通卫生香烟有限公司的两幅广告，原大纵80厘米，横52厘米，弥足珍贵。

自晚清光绪至20世纪30年代，是宓大昌烟店的黄金时代。店主宓庄晓颇懂"治本在得人"的道理，

■晚清浙杭大通卫生香烟有限公司广告，底部有"大清上海东亚印刷公司印刷"字样

■左 杭州清和坊浙省宓大昌"丹凤商标"元奇包装纸

■右 杭州湖墅卖鱼桥浙杭天瑞号细元奇包装纸

用人唯贤。管理班子既忠于职守，各部门又能通力协作，宓庄晓主持店务时，先后聘用的总经理王亚庭兄弟两人，都是懂行的经商干才。宓庄晓到了晚年，因子孙众多，为避免日后纠纷，经过4房儿子商议，于1947年将祖传老店改组为宓大昌土烟股份有限公司，由宓氏子孙11人组成公司董事会，宓季白任董事长，任总经理近二十年的王亚庭继续留任，又聘请施维贤为总会计。其余人事均由总经理聘任。总经理有责有职有权，以便加强各部门的管理。董事会成立之后，宓家无人下店直接过问业务，每月由总会计印发财务月报表给各股东，完全信赖总经理主持全店业务。总经理下设4个经理：营业部陈文琳，包装部（包装工场）陈启桥，采购部（收烟庄口）和制烟工场也分别设有经理。各部

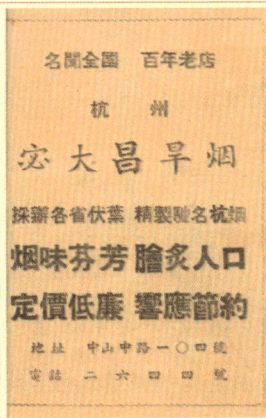

■晚清杭州清和坊杭省宓大昌烟号"丹凤商标"细元奇广告，两侧有"如再假冒，男盗女娼"字样

■1934年《新杭州导游》宓大昌广告

■杭省宓家昌"龙凤商标"包装纸，是宓大昌的一支分号

门经理直接掌握各自部门的业务，也都有责有职有权。制烟工场又分撕叶、刨硬片、配料、成捆、刨烟丝等5个工种，分别由师傅头（技术工）负责。全店职工四百二十多人，其中60%是刨烟和撕叶工人，35%是包烟工和营业员，行政管理人员只占5%。每天生产烟丝（全系手工操作）一千余公斤。这是一种层层负责而又环环紧扣的管理体系，各部门明确分工，通力协作，效率较高。

全店财务也有一套管理制度，例如烟叶收入库手续、生产定额规定、收发料及盘点制度，等等。产、销、存每天都有报表记录，营业收入全部交到总会计室。

前页的浙省宓大昌元奇旱烟丝的包装纸，原大长19厘米，宽21.5厘米，近似正方形。包装纸黑色套印，花饰上方是店名"浙省宓大昌元奇"。包装纸中为心形图框，左侧是宓大昌的丹凤商标图，右侧有文："本号向来采办各省道地伏叶，精工细切，佳制上品名烟。自运广东净丝、闽汀皮丝、陕甘水烟、西洋鼻烟，制货考较，与众不同，不惜工本，以图久远。凡仕商光顾者，请至浙省清河坊拐角，认明丹凤商标，庶不致误。宓大昌主人谨识。"语句简明扼要，将宓大昌精工制造、自运各地名烟、商标、地址的广告要素点得非常清楚。

烟店对职工定有严格店规，但待遇比较优厚。按1934年标准为例，营业员

■上 驻杭中国和兴烟公司
"时髦牌"香烟广告
■下 杭州南洋烟草公司
"老牌长城"香烟广告

和包房职员,每月工薪12－15元。刨烟工人按技术高低为10－16元。学徒工第一年月规1元,每年递增1元,三年以后开工资,每月6－8元。职工都由店里供给伙食,年终享受分红。对营业员定期给假,加班加点发给加班工资。收烟庄口截下来的烟梗下脚归采购部门分配。店里每天发给职工烟丝半两,不准私取分外的烟丝。招待客人备有客烟。职工在店内只许吸本店的旱烟,不准吸卷烟,如有违反规定罚款2元,充作伙食加菜费。一次,总经理进店,故意嘴衔卷烟,职工窃窃私议,总经理以身作则,主动罚款。所以职工们都能自觉遵守各项制度。

学徒工进店,要拜总经理为师,每天早上要练大楷小楷,晚上学文化,练珠算,并跟随一位指定的老师傅学业务。当3年徒工,等于进了3年专业学校,所以满师后对一般业务都能应付自如。

烟丝的优劣主要决定于烟叶的好坏,而辨别烟叶的好坏,赖于多年积累的经验,是一种专业技术。宓大昌设在各处的庄口都派驻拥有专业技术知识的收烟人员,指导烟农根据不同土质,施用不同肥料,并按时下田察看烟叶生长情况。同时,由老师傅带领青年徒工,到产区现场传授业务知识,经过观色、嗅味,就可以识别出烟叶质量优劣,出自哪个产区,用的什么肥料。这样经过边教边学边实践,许多青年徒工都成为具有业务知识的专业人员。所以在收烟季节,四面八方的烟农交售烟叶时,收烟人员都能做到按质开价,烟农出售烟叶也都不敢掺杂混淆,以次充好。又因为宓大昌收购价格高于其他烟店,烟农都不愿向别家投售,宓大昌由

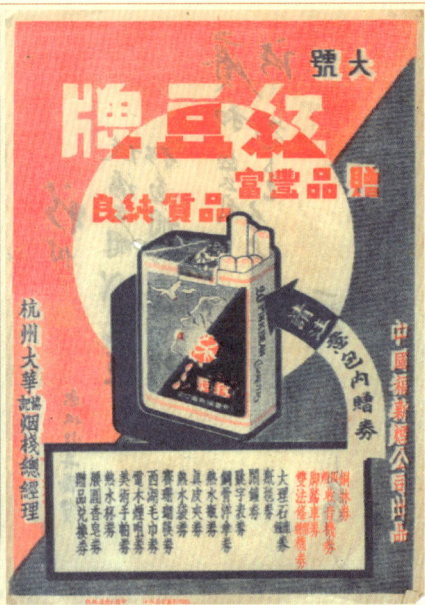

■杭州建国南路勤工烟厂"勤 ■杭州兆源烟栈总经理，上海名生 ■杭州大华协记烟栈总经理"红豆牌"香烟广
牌""天华牌"香烟广告 烟公司出品"美凤牌香烟"广告 告，有各种赠券

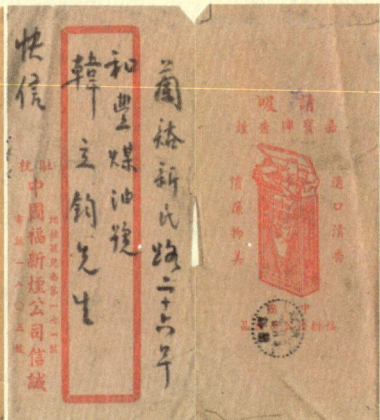

■浙省阜昌烟号两幅广告画 ■驻杭中国福利公司信封

此几乎垄断了烟叶收购。

　　宓大昌为了保证烟丝质量，择地设庄收购烟叶，远至广东南雄、江西广
丰，近至萧山四都，而以新昌为重点庄口。当时新昌全县年产烟叶一百万斤左
右，宓大昌采购的在半数以上。优质烟叶每担收购价高于其他烟店1—2元。如
果烟农缺少资金买肥料，宓大昌就买来菜饼、豆饼贷给烟农，于次年烟叶价款

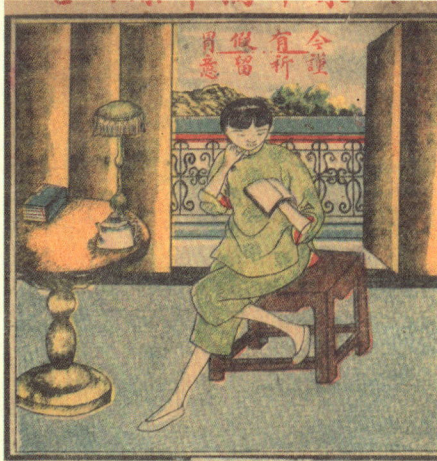

■杭州菜市桥阜源烟号三幅广告画片，均有"今有假冒，谨祈留意"字样

中扣回垫付款。对烟叶质优的产区全部收购，对一般产区则择优选购。宓大昌设有东南西北四个栈仓，除东栈作为店总部、二场及部分仓库外，其余三栈都堆放烟叶，每年轮换一栈使用。烟叶越陈越好，这样每年使用一栈，就是三年的陈烟叶了。仓库烟叶，每年霉季要翻捆两次，以防变质。采购烟叶有专职老师傅评级定价，以甘露伏叶为上乘。在大伏天受过甘露的烟叶肉厚，香味浓，但要在霉季以前除去顶叶和脚叶。烟叶购进后，在撕叶过程中还要把烟肉分为头、二、三等，撇下下脚售给余杭等地小烟店，自己不许掺用。从采购选用原料来保证产品质量，这是宓大昌旱烟的一大特色。

宓大昌烟丝工场有工人约三百人，算是杭州的大工场了，道道工序都严格要求。烟叶拆包以后，每张烟叶必须抽出烟筋，按烟片色泽分档进仓，并将烟筋刨片晒干入库。配料必须按各种烟叶不同档次添加，16公斤为一件，加油和水压榨成捆。同时根据不同季节、烟味浓淡与燃性强弱，用不同的配方。例如夏季要多配口味淡的烟叶，冬天多配口味浓的烟叶，霉季则多配燃性强的烟叶。烟丝里面还要掺入广东檀香粉、福建兰花籽粉作香料。烟

■左 浙杭清和坊大街，新时昌烟袋号广告，出售各式名贵烟具　　■右 浙省大昌祥元奇"杨七郎冲围颁兵"画片

■左 杭州江干大丰烟厂金狮牌细呈末广告纸　　■中 1933年，同源福记杭烟发票　　■右 1950年，杭州公大烟行发票

■杭城荐桥佑圣观巷口德丰烟号广告　　■杭州晋昌烟号包装纸

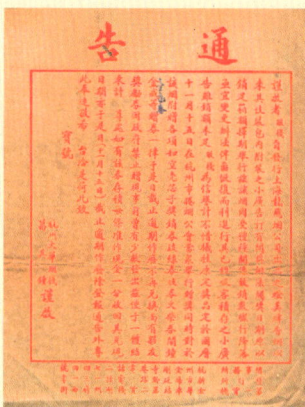

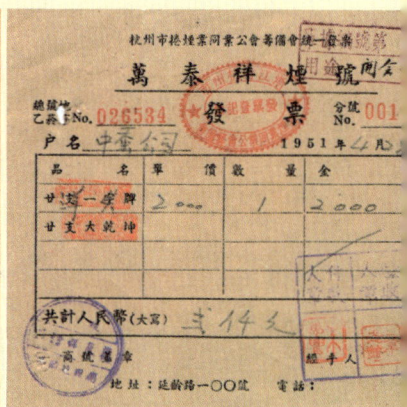

■左 萧山临浦中街赵全昌"松鹿为记"元奇广告　■中 杭州大华烟栈发行上海龙飞烟公司"灯美牌"香烟开奖广告
■右 1951年杭州万泰祥烟号发票

　　丝刨成后过秤入库，由专人保管。旱烟主要用新昌烟叶，根据不同品种，掺入南雄、广丰等高档烟叶，少掺四都烟叶，保证质量始终如一。由于宓大昌旱烟的色、香、味不同凡品，即使别家冒牌，用户亦能辨别出来。

　　宓大昌旱烟有十多个品种，如元奇、香元奇、香白奇、香呈奇，都用高档烟叶。白奇专用新昌东乡白沙山的烟叶，色白，味香淡。元奇多用一级烟叶，质量在呈奇之上。掺入香料的是高档产品。低档旱烟条未掺入刨片烟筋。用桐乡、江山的红烟叶制的老秋烟，也是低档旱烟。元奇、呈奇是主要产品，销路最广，包装有半两包、1两包、2两包、4两包、半斤包等。

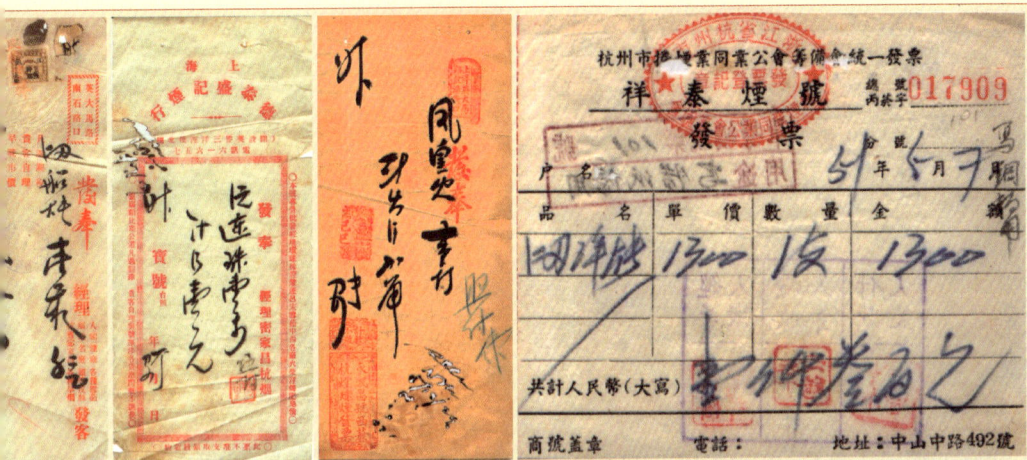

■左 上海茂和烟行发票，营销杭省宓家昌各种旱烟　■中左 上海德盛记烟行发票，经理宓家昌杭烟
■中右 上海永盛昌号西烟．杭烟．建烟发票　■右 1951年杭州祥泰烟号发票

货好销俏，这是商业的必然规律。宓大昌营业部有营业员五十多人，分门市、批发、邮购三个部分。门市部上午业务最忙，要接待大批买主；批发部主要对象是萧、绍一带的挑脚和代客带货的航船；邮购部范围很大，国内许多省市都有汇款邮购的，每天要发出大量邮包。整个营业部从早上5时一直到晚上10时，营业时间长达17小时（职工分批轮流休息），门庭若市，热闹繁忙，在清河坊首屈一指。

1937年《杭州市公司行号年刊》记载，杭州水旱烟号有宓大昌，负责人为王亚庭，其他还有恒丰、厚昌、沈益茂、林鼎隆、恒茂福、陈德丰、荣大隆、华天瑞、老益茂、晋昌、老震大、蘅馨萃、叶嘉昌、陈四丰、大丰牲、林永隆、王诚昌、宏大昌、协丰、信昌、元茂生、范裕昌分号、成裕广庄、升记、戎沛记、叶翰记源昌、四昌、恒大昌等三十家。

1946年《浙江工商年鉴》记载杭城有卷烟业公司和烟号200余家。除本市烟号外，还有许多外地烟厂在杭设立分公司。其时，以宓大昌为首的杭烟还销路旺盛，钱江的上江客以及浙东水陆各路客帮，皆由杭转口贩运杭烟。还成立有行业公会，会址设板儿巷225号，理事长为江森裕。

○创建于1948年○

杭州卷烟厂

□文/图 杭州卷烟厂

杭州不但是以秀丽清雅的湖光山色与璀璨丰蕴的文物古迹和文化艺术交融一体的城市，也是一个经济强市，一些代表着城市名片的中华老字号：张小泉的剪刀、王星记的扇子、庆余堂的国药、杭州的利群卷烟等都在散发着耀眼的光辉……，它们为国家的经济建设作出了很大的贡献，它们代表着杭州城市发展历史的一部分。

打过长江去　解放全中国

　　杭州卷烟厂创建于战火纷飞的解放战争时期，它的前身是一个军需厂，隶属于中国人民解放军华东野战军第七兵团，主要为了保证部队的日常生活必需品供给。当毛主席和中央军委发出"打过长江去，解放全中国"的命令，它们随着渡江部队，冒着枪林弹雨，一路硝烟滚滚，风尘仆仆，于1949年5月来到了杭州。由于当时杭州刚刚解放，很多军需供给还是由部队自己完成，军需厂就把厂址租在南山路周元公寺，军需厂的几十名解放军战士和一批女工在指导员的带领下，以手工操作为主，简陋的设备，就在最艰苦的条件下，做出了"红星牌"卷烟等军需用品供给部队。1950年又迁至万松岭东麓静修庵内，并以万松岭地藏殿作为原料仓库、上仓桥严管巷亭水寺为宿舍，此三处为军需厂发展的创业基地。"三座破庙起家"的光荣历史至今已被写入厂史并教育着新

杭州老字号系列丛书

百货篇

■军需厂也随进城部队受到杭州群众夹道欢迎。

的员工，当时的员工劳动强度非常大，它们发扬部队一不怕苦，二不怕死的精神，不辞辛苦地做好部队的供给工作，并不断的开发新产品，主要产品有"军人"、"旗鼓"、"双马"、"红星"等产品，不断满足部队的需求，军需厂有了很大的发展，后又划归为浙江省军区管辖，直到1952年由军区移交给地方，更名为地方国营利群烟厂。

这是一段光荣的历史，与其他中华老字号相比，它更具有特殊性，这也是杭州卷烟厂最值得骄傲的地方，为了中国革命的彻底胜利，为了保证部队军需供给，它在战火纷飞的解放战争年代里作出了应有的贡献，它和南下的大部队唱着"我们的队伍向太阳"的嘹亮军歌，来到了杭州。它是军队血统出身的老字号，在和平环境中又划归地方，参加了社会主义经济建设的行列，在60余年里，它保持了解放军艰苦奋斗的优良作风，不断地创新开拓，经过几代杭烟人的努力，现已经发展成为烟草行业十强之一，成为一个现代化的烟草企业，它为国家和省市的经济发展作出了杰出的贡献。

六十年风雨阳光

杭州卷烟厂作为一个中华老字号企业，它的出身可谓红色而纯正，与其他老字号的发展有很大的不同。1956年，国家对资本主义工商业进行社会主义改造，经过私私合营、公私合营的友合、三江、三益等烟厂相继并入利群烟厂，企业规模迅速扩大。1964年，烟厂划为轻工业部部属企业，由中国烟草工业公司上海分公司主管，并更名为国营杭州卷烟厂，并全面整顿企业管理，合力调整劳动组织，进行填平补齐的设备套配，为迎来新的生产高潮奠定了物质基础。

杭州卷烟厂建厂初期，全厂只有35名职工，大部分是部队战士。三座破庙作为生产和职工的生活用房。当时，因人员少，设备缺，多为手工操作，工艺

■上 50年代后期生产厂房；■中左 60年代厂正大门；
■中右 70年代生产厂房；■下左 80年代生产厂房；
■下右 21世纪拥有国际一流的先进设备和技术的现代化厂房。

落后。日产卷烟仅4—5箱，产品也只有"红星"牌一种。后虽然有了卷烟机、切丝机等生产设备，但都十分简陋。

1956年企业归并后，职工人数增到823人，占地面积增到2.52万平方米。经过扩建厂房，增置设备，企业拥有了抽梗机、切丝机、卷烟机及其它附属设备，生产工艺得到了较大的改进，生产规模很快扩展，年产卷烟达41942箱，并先后有"旗鼓"、"军人"、"欢庆"、"矿山"、"大华东"、"乾坤"等12只卷烟牌号出产。企业从一个机关生产性质的小厂，发展成为浙江省初具规模的卷烟生产主要厂家，企业管理也逐年加强。

并厂完成后至"文革"开始前，在社会主义总路线指引下，全厂大搞技术革新，生产基本实现了机械、半机械和连续化，生产效率大大提高。期间，虽然为支援、新建重点单位，有较多干部、工人经组织调动离厂，至1966年底，全厂人员减至614人。但产量却大幅度增长，年产卷烟达116185箱，10年间，年均递增10.7%，并陆续推出了"新安江"、"雄狮"、"杭州"、"西湖"、"利群"、"大红鹰"、"经济"等卷烟品牌。50年代末先后开始乙级烟和甲级烟的生产。杭州卷烟厂再次以自己的快速发展，从一个初具规模的卷烟厂，一跃成为全国烟草行业的先进企业。1965年，轻工业部在全国烟草会议上提出"全国学徐（徐州卷烟厂）、杭（杭州卷烟厂）"的口号，轻工业部中国烟草工业公司还两次派工作组到杭烟总结企业管理的先进经验。

"文革"期间，杭州卷烟厂几经风雨，曲折前进。

1966年"文化大革命"开始，厂党政领导受到迫害。1967年2月被夺权，工人出勤率骤降，生产出现半停工状态。是年，卷烟产量比上年下降19.6%。

1968年5月，厂革命委员会成立，原厂党委书记陈文丰任主任，主持全厂工作，带领职工全面恢复生产，并使生产稳步发展。1971年，企业率先在省内试

产滤嘴烟成功。1970年至1972年，三年产量平均增长3%。为此，轻工业部再次在全国卷烟行业提出了"加快步伐赶杭州卷烟厂"的口号。

1969年，企业管理权重新下放到地方，归杭州市轻工业局管理。

1974年，全国开展所谓的"批林批孔"运动再次造成生产滑坡，连续两年出现减产。1976年虽略有回升，仍比1973年下降15%。

"文革"10年，不堪回首。虽然正常的生产秩序遭到了破坏，但杭州卷烟厂原党委领导顶住压力，坚持工作，使企业做到不停一天产，并先后又推出了乙级"大红花"、甲级"金猴"卷烟。

"文革"结束后，经过拨乱反正，企业进行了全面整顿，各项工作逐步走上了正常轨道。1985年，杭州卷烟厂上划为中国烟草总公司直属企业，由中国烟草总公司浙江省公司主管。1986年企业开始实行厂长负责制和厂长任期目标责任制。

党的十一届三中全会以后，企业在改革开放的新形势下，贯彻国民经济调整、改革、整顿、提高的方针，坚持以生产为中心，建立健全各项规章制度，加强以产品质量管理为中心的企业管理，使企业由生产型开始向生产经营型转变，生产迅速发展。卷烟年产量，1980年创下了30万箱记录，1984年破40万箱大关。卷烟类型，以烤烟型为主外，新开发成功了外香型、混合型、新混合型卷烟。近年来，按照"少牌号，多品种，系列化"方针开发新产品，既加快了产品开发的周期，又提高了产品的知名度，也适应了不同层次消费需求。"杭州"牌系列烟发展至今已形成2种烟型、3种规格、5种装潢、8种不同价格的产品格局。"西湖"牌系列烟发展至今已形成2个等级、3种规格、9种装潢、14种不同价格的产品格局。由于企业密切注视市场变化以调整产品结构，所以，产品产销率始终保持在100%。

■上左 第一代新中国卷烟机生产车间　■下左 碎片分离机　■下右 机器抽梗　■右上 手工抽梗
■右中 烘丝机　■右下 女工手工包装作业

杭州老字号系列丛书

百货篇

目前，杭州卷烟厂已发展成为卷烟工业大型企业之一，是浙江省年上交税收最多的厂家之一，也是1985年以来历年列入全国销售额和创税收最大型工业企业之一。

作为特殊商品的卷烟，杭州卷烟厂一方面满足社会消费者的需求，另一方面则为国家积累了大量的资金。四十年来，以满足浙江省市场为主，产销卷烟730.46万箱，创税利34.43亿元。

进入20世纪90年代后，杭州卷烟厂抢抓机遇，克服市场经济初期碰到的种种困难，进一步深化改革，转换经营机制，企业又步入了一个快速发展时期。通过狠抓"五大改造"，实施"三制"改革，开展管理整改，企业的整体素质逐年提高，综合实力大大增强。特别是"八五"技改和"九五"10%重点技改项目的圆满完成，厂容厂貌焕然一新，主厂房、综合科技楼拔地而起，平添了万松岭南的一道亮丽风景，主要生产设备全部从国外引进，配套设施一流，装备及保障水平达到20世纪90年代国际先进水平，整个工艺流程全面实行计算机控制，生产实现高度

■上下式切丝机

自动化、现代化。

近几年来，企业积极适应市场消费需求的变化，开展了新一轮的产品改造工程，挖掘品牌潜力，提高产品技术含量和附加值，成功地改造了"利群"、"新安江"、"西湖"、"大红花"等传统品牌，使杭产烟产品结构呈现了高、中、低多档次、系列化格局，提高了产品的市场覆盖率和竞争力，企业经济效益大幅增长。在1995年到1999年期间，在生产总量基本保持50多万箱的情况下，年利税实现了从6亿元到24亿元的快速递增。近年来，企业先后被授予全国烟草行业"先进单位"、全国烟草行业质量效益型先进单位、全国职业道德建设先进单位等荣誉，是全国烟草行业七家"管理示范联系企业"之一和浙江省"文明单位"、"四星企业"。

2006年，浙江烟草工业实行重大战略调整，实施了浙江中烟工业公司、杭

州卷烟厂、宁波卷烟厂"三位一体"的联合重组，成为一个法人主体的浙江中烟工业公司。杭州卷烟厂从此进入了更好的发展状态，在继承传统的同时，创新发展，在一个更高的起点上扬帆出发，乘风破浪。

资料链接·企业荣誉

■1965年，轻工业部提出了"全国学徐（徐州卷烟厂）、杭（杭州卷烟厂）"的口号，中国烟草工业公司两次派工作组到厂总结企业管理先进经验，在全国烟草行业中掀起了学"徐、杭"的高潮。

■1973年3月，轻工业部召开的全国卷烟工业协作组组长汇报会上，提出了"鼓足干劲学上海手表厂，只争朝夕，加快步伐赶杭州卷烟厂，力争上游"的口号。

■1979年，被中共浙江省委、浙江省人民政府命名为"大庆式企业"。

■1983－1985年，成为全国烟草企业和浙江省工交、商业企业惟一连续三年被国家经委授予"全国工交、商业系统经济效益先进单位"。

■1984年，被浙江省人民政府命名为"六好企业"。

■1985年，被杭州市人民政府命名为"两个文明建设先进集体"。

■1986年，被浙江省人民政府命名为"省级先进企业"。

■1987年，在全国烟草行业中被国家烟草专卖局、中国烟草总公司发出"双增双节"提高经济效益通报表彰。

■1988年，成为全国烟草行业首批获国务院企业指导委员会批准颁发证书的"国家二级企业"。

■1989年，获国家烟草专卖局、中国烟草总公司授予"全国烟草系统先进集体"称号。

■1995年，被评为全国职业道德建设先进单位、文明单位。

■1996年，成为全国质量效益先进企业。

■1998年，全国烟草行业"先进集体"。

■2006年12月，被商务部首批授予"中华老字号"荣誉。

创新开发 灿若星辰

　　1949年，军需厂的第一个产品是烤烟型"红星"牌卷烟，拨给部队作为分配物资，一直生产到1955年为止。

　　到了1950年初，开发出新产品烤烟型"军人"牌卷烟后，烟厂的产品逐渐增多，品牌不再单一。

■这是1950年部分职工在现厂址的合影，"三座破庙"白手起家的光荣历史，作为企业文化至今还激励着新杭烟人，他们中间活着的人今天如再能见到这张照片，都会对那段战后重建年代的青春奉献而感到自豪，作为老一代的杭烟人，也会为杭烟今天取得的辉煌而感到骄傲。

1950年5月开始，军需厂的产品开始对外营业。为满足人民生活的需要，新增的卷烟产品有烤烟型"精旗鼓"、"简旗鼓"（其小包单用白底红色图案商标纸包装，内无衬纸），其卷烟商标以解放后人民大众欢天喜地举红旗、打腰鼓、庆解放为背景。卷烟投放市场后，深受广大群众喜爱，产量增长很快。1953年4月，烤烟型"精简旗鼓"牌卷烟开始生产。"精旗鼓"牌卷烟因铝箔纸货源紧张，将衬纸改换成防潮纸，售价适度下降，改名为"精简旗鼓"。1954年初，

113

"简旗鼓"停止生产。"精简旗鼓"即"旗鼓",生产到1987年。

1950年11月,福利烟厂并入后,原福利烟厂生产的烤烟型"双马"牌卷烟商标也继续沿用到1952年,产品等级划为丁级卷烟。

1952年军需厂整体划归地方领导,1953年9月全部产品归中国专卖事业公司浙江省公司杭州采购供应批发站包销。此时所产卷烟全部转向民间。为适应这一变化,1953年开始生产烤烟型"欢庆"牌卷烟,直至1959年。

1956年6月,又将友合烟厂并入。并厂后,杭州卷烟厂的实力继续扩大,也整合了杭州的烟草业。

1957年8月,为满足市场需要,宣传新安江水电站工程,烟厂开发了新产品烤烟型"新安江"牌卷烟,行销市场后得到了价廉物美的好评。1958年,为了使产品能适应参观新安江水电站的各界人士和国际朋友的需要,提高产品档次,另行设计商标图案和外型包装,又增加了烤烟型"特制新安江"牌卷烟。1965年实行整顿商标、统一牌号,因此,"新安江"牌卷烟商标与宁波卷烟厂共同使用。"新安江"卷烟在浙江市场上曾是畅销产品之一,很多老年人至今还念念不忘。

1959年,为向国庆十周年献礼,解放思想,破除迷信,试制成功建厂以来最高级卷烟——烤烟型"杭州"牌卷烟。经过评吸鉴定,质量完全符合有关标准。1964年后一度停产,1970年10月,根据原料和市场需要的情况,又重新恢复生产"杭州"牌卷烟。由于人民生活水平的提高,消费者增加了对过滤嘴卷烟的需求,因过滤嘴卷烟在燃吸时,烟气经过滤嘴过滤,可以截留其中部分有害物质。1971年开发成功我省第一只滤嘴卷烟——烤烟型"杭州"牌卷烟,并正式投入生产。这只产品在八十年代为"拳头"产品,至今仍在生产。1984年,厂里开始在经营上探索一条纵向延伸、横向开拓的路子。根据市场需要,眼睛向内积极挖潜,调整产品结构,努力增产销路好、效益高的卷烟,并且加

■ "红星"牌和"军人"牌卷烟是当时军需厂生产供应部队指战员的。这两套烟标是收藏爱好者收藏的珍品,现已十分罕见。

■杭州卷烟厂各牌号烟标,由于版面有限,我们在此只例举了最具代表性的烟标。

强消费预测，积极开发新品种，先后试制生产了烤烟型"罐装杭州"和"精杭州"。这两只产品生产到1986年。1986年全厂为了加强产品开发，发展适销产品，充分发挥产品知名度高、市场广的优势，不断围绕市场变化，开拓创新，发展系列产品。"杭州"牌卷烟的系列产品1986年不断延伸新品种：烤烟型"彩罐装杭州"、"精杭州"、混合型"金版杭州"、"罐装杭州"。此后过滤嘴混合型"金版杭州"的研制成功，在市场上建立了新的声誉。到1989年，产品结构进一步调整，"杭州"牌卷烟比1988年增长了28.5%。1989年12月还增加新包装"10支装塑盒杭州"。1990年4月又新增烤烟型"翻盖杭州"。系列产品的开发，丰富了市场，满足了消费者多方面的需要，增加了社会效益和经济效益。

在1959年4月，杭烟根据当时市场需要，结合原料储备和供应的可能，以"西湖"作为商标，开始研制生产烤烟型"精西湖"和"简西湖"，其中"简西湖"在1961年停止生产，到1967年再重新恢复生产，之后一直生产到1987年为止。1974年，在"杭州"派卷烟滤嘴开发成功的基础上，"西湖"牌卷烟也开始生产过滤嘴卷烟。首先生产的是烤烟型"西湖"牌，其产品一直生产到现在。1984年，为了加大滤嘴烟的生产量，满足市场需要，增加企业的竞争力，又增烤烟型"精西湖"品种。这个产品生产到1986年。1985年，厂里坚持少牌号、多规格的原则，充分注意利用消费者对本厂名牌产品推崇偏爱心理，抓住"龙头"产品，搞纵向深入。"西湖"牌卷烟新增了"罐装西湖"、"西湖"和"红西湖"，1986年新增烤烟型"精西湖"，1987年又增加烤烟型"金西湖"，形成了"西湖"牌卷烟的系列产品，一直生产到现在。

五十年代初，一度还生产过少量烤烟型"赛马"和烤烟型"矿山"牌卷烟。

1960年6月1日，厂里根据当时烟叶分配情况，结合市场消费者需要，开发出"利群"系列产品，烤烟型"简利群"一直生产到1987年。1964年，厂里曾

■1958年人民解放军福建前线指挥部奉命万炮齐轰国民党盘距的金门马祖，在此背景下，杭烟厂受中国人民解放军的委托，设计并生产了"来归牌"香烟，通过宣传弹，运送到金门马祖。这张珍贵的烟标已是极品之一，受到收藏爱好者的追棒和青睐。

■"利群"牌卷烟是杭州卷烟厂于1960年6月1日研制生产的，并一直生产到1993年。1995年，杭州卷烟厂对该牌号产品进行了彻底的改造，先后开发出系列高档卷烟投放市场，至今畅销不衰。该产品曾荣获全国名优卷烟、浙江名牌产品和浙江省著名商标等称号。

117

试制过20箱烤烟型"精利群"卷烟。1980年由于人民生活水平的提高，消费者要求越来越高，烤烟型"精利群"正式投产，直到现在仍在生产。

1960年我省根据在太原召开的全国卷烟会议指示精神，结合省内烟叶供应的可能，在大抓原料基地时，扩大了桐乡红烟和香料烟的种植。为此厂里在1960年7月曾生产过混合型"香雪海"卷烟。1963年，厂里开始生产晒烟型"香雪海"。因为在1963年初，厂里仅有的烤烟资源只能维持到四月底，五月至九月这一段青黄不接的时期，将会出现停工或半停工状态。为了克服烟叶不足的困难，争取实现增产，扭转面临的被动局面，自力更生，利用省内晒烟进行全晒烟型卷烟的试验。经过反复试样、化验、评吸后获得成功。1963年全年生产了包括"雄狮"、"乾坤"在内的晒烟型卷烟30790余箱，占全年总产量的31.7%，从而突破了烟叶不足的困难，保证了1963年大幅度增产的实现。这项产品一直生产到1965年。

1965年，根据中国烟草工业公司关于浙江省杭州、宁波两卷烟厂整顿商标、统一牌号的有关决定，原生产的烤烟型"乾坤"牌卷烟商标用宁波卷烟厂当时生产的丁级"大红鹰"卷烟商标代替，之后此牌号卷烟一直生产到1984年。1984年"大红鹰"既生产丁级又生产戊级卷烟。

根据当时市场对戊级烟尚受欢迎的情况，又为了解决低次烟叶的出路问题，使原料能得到平衡，不积压，所以1960年生产过烤烟型"金箭"牌卷烟，以后从1964年第三季度起又改名为"经济"继续生产，直到1980年。

六十年代初还生产过烤烟型"万岁"牌卷烟，和晒烟型"香兰"牌卷烟。

1972年试制成功新产品烤烟型"大红花"卷烟，生产到1974年。1979年、1980年也生产过滤嘴"大红花"。在1982年，高档卷烟出现暂时滞销现象，企业面临着减产、停产的威胁，因此，决定将停产多时的滤嘴"大红花"恢复生产。由于滤嘴"大红花"质价适应，深受消费者欢迎。1983年，通过销售渠道

资料链接·西湖十景烟标

■ "西湖十景"卷烟是1979年杭州卷烟厂为了适应旅游事业的发展而试制生产的。它以杭州西湖十个著名的景点照片为图案，有多种不同包装。虽然该牌号卷烟产量不大，但断断续续一直生产到1999年结束。

的信息反馈，发现中档过滤嘴卷烟比较畅销，它不仅在城市而且在农村具有越来越大的市场。从这一情况出发，厂里改革滤嘴烟结构，把嘴烟重点从高档转到中档上来，主要增产了滤嘴"大红花"卷烟。1983年增产的滤嘴烟中有58.1%是滤嘴"大红花"。这一调整，使厂里的过滤嘴卷烟适应了当时的消费水平，更加适销对路，增强了产品的竞争能力，另一方面，保证了嘴烟的大量增产。这只牌号的卷烟一直生产到1987年。1978年6月，为了增加乙级卷烟品种，又增出烤烟型"简大红花"，生产后受市场欢迎，一直生产到1988年。1980年，由于人民生活水平提高，消费者要求越来越高，既要质量好，又要包装美观大方。用铝纸包装的卷烟，既起防潮和醇化烟味的作用，还可保住香味的持久性，并可以扩大花色品种，丰富市场，为向省外推销低档烟提供条件。1980年由于过滤嘴头子货源断档，致使各种过滤嘴香烟无法生产，过滤嘴车间全部停工，从而对完成全年国家计划的各项指标均受严重影响。为了弥补市场供应不足，扩大花色品种和充分利用过滤嘴车间设备，经与商业部门研究，设计生产长枝香烟——烤烟型"精大红花"，直到1981年。

1973年，为增加品种，丰富市场，降低原料耗用，积极利用本省烟叶资源，试制成功"金猴"牌可可香型滤嘴烟。这种外香型"金猴"牌卷烟一直生产到现在。随着经济的发展，嘴烟需求量逐年增加，消费者更喜欢84毫米的长嘴卷烟。为了适应消费变化，1987年1月，开始生产外香型"精金猴"。1989年4月，卷烟消费市场更喜欢硬条包卷烟，为了满足不同层次的消费，新增外香型"金猴"。这两只牌号的卷烟一直生产到现在。1981年、1982年，为了节约原料，增加市场供应，新增加生产过滤嘴外香型"金猴"卷烟。

杭州是开放城市，旅游的外宾、华侨不断增多，为了适应旅游事业的发展，弥补高档卷烟的不足，丰富和活跃卷烟市场，1979年，选用上等烟叶，配方去梗，成功开发出以杭州西湖十景为包装的烤烟型"西湖十景"和塑盒包装"西湖

■20世纪60年代的卷烟机工作场景

十景"。"西湖十景"香烟系列深受中外游客的喜爱，精美的西湖十景包装，还一度是收藏爱好者的收藏品。由于销路好、效益高，因此烟厂又开始生产过滤嘴烤烟型"西湖十景"，直到1985年。新产品投放市场后，消费者比较欢迎，这样，不仅可以加大嘴烟的生产量，满足市场需要，增强企业竞争力，而且可得到更大的经济效益，为国家提供更多的资金积累。1986年，为适应消费水平的提高和旅游事业的发展，积极扩大嘴烟生产能力，增加嘴烟产量，提高烟叶使用价值，生产出适销对路的产品，又开发出滤嘴烤烟型"西湖十景"，同时生产四包装烤烟型"西湖十景"，和10支装塑盒包装的烤烟型"西湖"。

1979年，来杭旅游的外宾、华侨不断增多，为了适应旅游市场的需要，经过多次试制，过滤嘴混合型"保俶塔"诞生了，这种烟色、香、味等都比较好，是当时厂里过滤嘴烟中较好的一种。与此同时，为了庆祝世界羽毛球赛在杭召开，专门设计了过滤嘴"保俶塔"，并在小商标背面设计有世界羽毛球赛的会徽，下面有英文"欢迎"字样，配方质量与过滤嘴"保俶塔"相同，其生

121

产为一次性任务，是世界羽毛球赛的专用烟。八十年代中期，混合型卷烟吸引着众多的消费者，所以，1985年、1986年，又重新生产混合型"保俶塔"。在1986年5月，同时生产过滤嘴混合型"保俶塔"卷烟，生产一直延续到现在。

1979年，为了适应日益发展的旅游事业和满足广大消费者的需要，企业还配制成具有清凉舒口、薄荷口味等特色的过滤嘴外香型"双叶"牌卷烟，一直生产到现在。1989年，随着经济发展，消费水平日益提高，要求商品高档化、多样化，外观要求美观大方。当时卷烟消费市场对薄荷型卷烟的需要日趋增多，1990年又研制生产了外香型"精双叶"。

20世纪70年代末，还曾生产过烤烟型"茉莉"牌卷烟。

1979年，杭州市与日本岐阜市缔结为友好城市。为此，企业曾于1980年至1981年间，研制开发过滤嘴烤烟型"中日友好"牌卷烟。1984年，因甲级卷烟销路趋好，此牌号卷烟重新生产，投放市场反映良好。1986年，根据杭州市工商行政管理局意见，改名为"杭岐"，并为适应消费者的需要，将其烟支长度改变为84毫米。

20世纪80年代还生产过"黑猫"牌卷烟，"骏马"牌卷烟，和"舒乐"牌卷烟。

1986年12月，烟厂成功研制了过滤嘴烤烟型"凯旋门"牌卷烟。1988年，市场上对84毫米的嘴烟需求量增大，所以7月份新增84毫米"凯旋门"牌卷烟。上列"凯旋门"牌卷烟目前仍继续生产。

跨入20世纪90年代，面对激烈的品牌竞争，针对消费者的需求变化，杭州卷烟厂将一系列老品牌翻新改造，注入崭新内涵，强化品牌个性，提高产品的内外在质量，形成产品的特色。"全国名优产品"、"全国畅销牌号"、"浙江精品"、"浙江名牌"等层出不穷，"利群"、"雄狮"、"新安江"、"杭州"、"西湖"、"大红花"……，一个个品牌恰如灿烂的星辰光芒四射，赢得了一代代消费者的青睐。

全国烟草系统

先进集体

国家烟草专卖局
一九九五年元月

全国推行TQM先进企业

中国质量管理协会
一九九九年

杭州卷烟厂荣获

中国社会公益特别贡献奖

中国社会工作协会社会公益工作委员会
陈爱莲舞蹈艺术五十年活动组委会
二〇〇二年九月二十五日

■杭州卷烟厂获得的荣誉

科技立业　质量为本

在杭州卷烟厂的发展历程中，科学技术发挥了巨大的推波助澜的作用，科技的投入使老字号的发展一日千里。

"工欲善其事，必先利其器。"生产设备是生产力的客观尺度，企业的效益很大程度上要受设备状况和技术水平的制约。杭烟人知道，要生产一流的卷烟，就必须有一流的设备，科技开发关系到企业的生死存亡。

烟厂初建时，设备简陋，工艺也比较落后，很多时候都是靠手工操作，劳动强度很大。在五六十年代，杭烟人大胆革新，使制丝、包装由手工操作发展为连续化、半机械化生产，杭烟的发展从此迈上了新的里程。在八九十年代，杭烟职工向技术要效益，10年时间就有300多项革新成果获奖，不但极大地提高了劳动生产率，而且也为全国烟草工业科技的发展作出了贡献。随着"六五"、"七五"、"八五"的技术改造，杭烟加快技改步伐，推进了企业装备、技术、管理、职工素质的提升。经过九十年代"九五"10%终点技改，在原有的基础上又提高了一大步，使企业的厂房、配套设施、厂容厂貌焕然一新，达到了国内一流水平，企业劳动生产率、经济效益大幅增长。

科技革新已经发展成为杭烟的特色经济和最大的经济增长点，是杭烟的希望所在。在当今社会，科学技术日新月异，知识经济初见端倪，科技是发展的制高点，谁拥有科技，谁就能发展，就有竞争力。

另一方面，产品是企业的生命，而质量则是产品的生命。在杭烟近60年的发展历史中，"质量为本"的观念一脉相承。烟厂建立了一整套严格的质量管理和质量保证体系，实行生产过程控制和层层质量把关，从原料工序到成品出厂，从内在配方到感官评吸，从自检到专检，各个工序进行严格的质量监督，不合格产品严禁出厂，全面质量管理和ISO9002质量保证体系，使杭产烟的品质不断得到提升，信誉度和美誉度日益增强。经过不断的产品改造，杭产烟形成

杭州老字号系列丛书

百货篇

123

科技革新　硕果累累

在上个世纪的五六十年代，杭烟人大胆革新，使制丝、包装由手工操作发展为连续化、半机械化生产，以科技改造出效益，在全国烟草行业的各项指标名列前茅，为此轻工业部向全行业发出"全国学徐（烟）、杭（烟）"的号召，杭烟的发展从此迈上了新的里程。

■20世纪60年代车间工人对大包机进行改造

■左 20世纪60年代简包机生产现场　■中 20世纪60年代初已改进的上下式切丝机
■右 革新项目528吸丝轮式卷烟机

杭州老字号系列丛书

百货篇

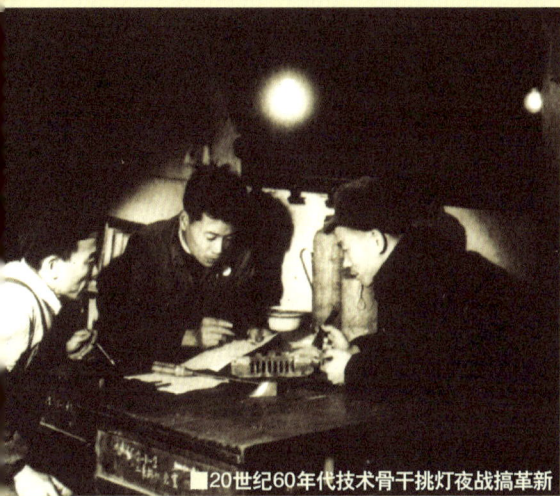

■20世纪60年代技术骨干挑灯夜战搞革新

■20世纪70年代技术工人对搓板式装接机进行改造

■用抽梗机抽梗基本摆脱了手工操作

了以烤烟型为主，混合型、外香型并举的多品种、多规格系列产品，产品结构得到优化，高档消费、中档消费、一般消费三大规模板块均衡发展，产品的市场竞争力大大增强，推动了企业经济效益持续快速提高。

科技立业，质量为本，使得杭州卷烟厂在近60年的历程中不断发展壮大，如今，这个老字号正站在更高的起点上创造一片灿烂辉煌。

为了更好地了解这个老字号的发展和成就，笔者专程前往杭州卷烟厂，参观了它极具现代化风格的厂区。

漫步在杭烟全封闭式的现代化车间，机器发出轰轰的低鸣声，干净、整洁，生产机器流水线一尘不染，地上标有各种不同颜色的功能性通道，无人驾驶的机器人秩序并然地在根据指令，配送加工原料。有趣的是，当机器人过来时，在距离我们一米远的地方就自动停车，等待我们过去，我们走开后，它又继续开动去需要的地方，完成配送后，自动回到自己的停车位等待命令。

我们看到一排排总价值近2亿的全自动生产流水线，从第一道工序道最后一道工序全部实现自动化，工人只在里面参与技术管理，烟厂的同志告诉我们，现在要进烟厂车间做工人，都必须是大学专科学历，现代化的机器革命要求企业员工必须具备高学历和专业层次，才能保证实行高科技管理和生产。我们还去参观了耗资1亿多的电子储存仓库，整个仓库储存了一万多各种原料和配件，全部都是电脑自动化管理，进货、选货、装货、送达，全部按程序和指令完成，机器人起到了中坚作用，所有的管理工程师，只需坐在电脑前，按键指挥24小时生产运作。

生产车间的质量管理也是全自动化的，通过红外线扫描数据计算，判明品质是否符合国家标准，不符合的一律剔除。先进的质量管理程序和体系，保证了杭烟的每支烟、每包烟的优良品质。

在整个参观过程中，我们心中感到十分兴奋和激动，一个从军队而来的老字号，通过近60年的发展，获得如此辉煌的成就，这真是杭烟一代又一代员工自强不息、拼搏向上的精神带来的巨大成果。我们离开烟厂的生产车间，回望着漂亮的生产主体大楼，思绪万千……

企业精神和企业文化

迈稳稳的步子，留深深的印迹。严、细、精、实，贯穿着杭州卷烟厂企业管理的整个发展历程。

回眸历史，杭烟的管理脚步不断迈进。部队起家军事化管理，"严"是五十年代管理的代名词。在热火朝天的"增产节约"运动和劳动竞赛活动中，杭烟成长为全国烟草行业企业管理的先进单位。十一届三中全会的春风，吹起了杭烟企业管理的又一波新绿，从"细"入手建制度，从"实"入手立规章，企业管理步入正轨。"争先进，创国二"，1988年，杭烟跨入了全国烟草行业首批"国家二级企业"行列。

群英谱

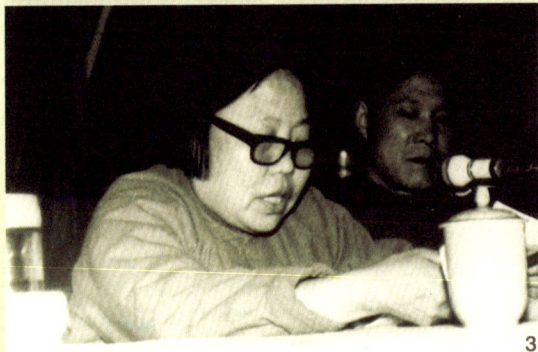

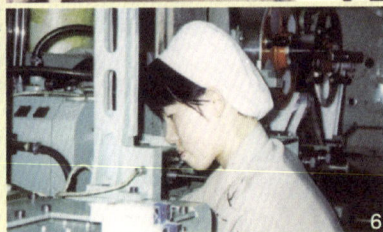

■1 1982年市劳模施富晓　■2 1984年市劳模吴芬菊　■3 1988年省级劳模，中心试验室主任郑素珍
■4 1989年市劳模卷包车间女工张菲斐（右）　■5 1993年市劳模鲁周旺　■6 1996年GDX1挡车工
邵建芸被授予中华全总工会先女职工

杭州老字号系列丛书

百货篇

丰富多彩的职工娱乐活动

127

　　"八五"期间，杭烟厂狠抓企业内部管理，深化改革，转换机制，提出了全面提高企业整体素质，提高市场竞争力的五大改造工程，实施了产品改造，机制改造，技术改造，管理改造，素质改造活动，取得了可喜的成效。扬帆再进，九十年代的杭烟不断引进国内外先进管理经验，更新管理观念，开展管理创新，进一步推进管理改造，一步步坚实了企业的基础。杭州卷烟厂，以求实求精的管理作风将企业管理提升到一个新的高度。

　　近六十年的历史，杭州卷烟厂积淀了深厚的企业文化，他们用光荣企业文化和企业价值观教育激励广大职工。在杭烟风雨阳光六十年的征途上，他们形成了自己独特的企业精神。艰苦创业、点滴节约、挖潜革新、义务劳动的"四大精神"和勤俭、创新、求实、求精的"八字厂风"，虽然朴素，却继承了部队严于律己的精神，饱含了杭烟人艰苦创业的企业理念，强化了企业的凝聚力和生命力。培养了一支吃苦耐劳、纪律严明、敢打硬仗的职工队伍。

　　杭州卷烟厂的历任领导深知，职工是企业最重要的资产和财富，是职工推动了企业的发展壮大，是职工给企业带来了成功。职工是企业的主人，也是企业的创造者，企业每个时期的发展无不展现了广大职工的熠熠风采：肩扛手提开山建厂，挑灯夜战技术革新，你追我赶劳动竞赛，勤奋钻研掌握技术……杭烟职工在建设发展企业的道路上继承传统、意气风发、神采飞扬、业绩骄人，近六十年来，涌现了无数劳模、先进、标兵典型，奏响了一首首时代文明的交响乐章。

　　"高质量生产好每一支卷烟"，是杭烟永不停歇的追求。

　　"对每一位顾客负责"，在杭烟永不改变的承诺。

　　改革是杭烟永不衰竭的动力源泉，科技创新，造就了企业如今的辉煌。

　　今天的杭烟，投入了巨额研发资金，通过各种有效、科学的技术，将烟草的弊端降低到最小限度，以满足市场的需求。

　　优美的厂容厂貌，国际一流的先进设备，现代化的技术，勇于进取的职工队伍，是杭烟人的骄傲。

　　站在杭州卷烟厂充满现代化气息的厂房里，我们感受到从军队工厂走来的这

■现代化的生产厂房卷包车间和制丝车间，拥有国际一流的先进设备和现代化的技术。

个老字号蓬勃的朝气和奋发的力量。如今，它正站在高起点上，朝着国际水平迈进，生机盎然的杭烟必将迎来多元化发展的新时代！

■在2006年12月，商务部授牌"中华老字号"时，杭州卷烟厂，是惟一一家被确认的卷烟企业，证书编号：11034。

资料链接·人物故事

历史见证人

蒋世杰

☐ 年龄　73岁
☐ 原杭州卷烟厂厂长　　原浙江烟草专卖局局长　　全国劳动模范

老厂长蒋世杰

　　蒋世杰，原杭州卷烟厂厂长。他是党一手培养的工农干部，从18岁起就作为政府驻厂员，从事杭州私营烟草工厂的管理工作，直至1956年杭州烟草业全部公私合营并入杭州卷烟厂。

　　作为一代掌门人，他是一个传奇人物，他把自己的青春和智慧、才华，全部献给了杭烟和浙江烟草工业的发展。他24岁时就任厂长，1989年获全国劳动模范称号。他也是一个优秀的企业管理者，在上世纪60年代的增产节约运动中，带领全体职工，在杭烟提出了"十个一"的节约活动，即"节约一度电，节约一滴水，节约一张纸"等内容，经济核算精细到一撮烟，一张包装纸，每分钟的工效上，以此获得了全国烟草行业经济成本最优的成绩，在蒋厂长长期精细管理之下，杭烟的各项经济指标都名列前茅，在增产节约运动中表现十分突出。1965年，轻工业部开展了"全国学徐（烟）、杭（烟）"的运动，号召全国企业向杭烟学习先进的管理方式。在1964年，轻工业部要组成全国烟草托拉斯，他抽调至轻工业部，走南闯北参加了部里的调研，并参与了组建全国烟草托拉斯的工作，也因此在在"文革"中受到了"冲击"。

蒋老目睹了新中国的成立，全心全意地参与了社会主义的经济建设，打倒"四人帮"后，带领全体员工拨乱反正，又恢复了杭烟厂的优良传统，建立了一整套较为完善的生产管理体系，而后又积极投入到中国的改革开放的大潮中去，为杭烟厂在以后的大发展打好了坚实的基础。蒋老见证了杭烟的发展和浙江烟草工业的发展，也光荣地受到了第一代、第二代、第三代党和国家领导人的接见和合影，在浙江省工交系统里也是惟一的，蒋老在浙江烟草行业也具有很深的影响力。

蒋老现在虽已退休在家，他还是很关心杭烟和浙江烟草的的发展，在此，我们向蒋老前辈致敬，并祝他健康长寿。

一张珍贵照片的故事

我们在档案室看到一张弥足珍贵的老照片，这就是杭烟的老厂长蒋世杰与毛泽东、周恩来等党和领导人的合影。这一张薄薄的照片，却有着极重的分量，彰显了这个老字号的历史荣誉和辉煌岁月。我们带着激动的心情，采访了蒋世杰老人。

1963年，是国家刚刚走出三年自然灾害的困境、国民经济正在逐渐复苏之中，年底由国家财政部主持召开了全国工业交通企业财务工作会议。当时在杭烟在整个烟草产业中其实是属于产销量较小的企业，但在积极有效的管理方式下，各项经济指标都是名列前茅的，轻工业部发出了"全国学徐（烟）、杭（烟）"的口号。当时才28岁的蒋世杰，作为杭烟的厂长，被选为代表出席了会议。

回忆起当年的情景，蒋老还是十分激动的说，那时浙江代表团参加会议的有六七个人，到了北京，就住在友谊饭店，接连开了几天的会，会议是当时的财政部长李先念主持的。我是第一次去北京，很兴奋地参观了天安门、故宫、人民英

131

雄纪念碑等地。11月16日那天上午开完会后，我们接到了通知：参会人员不得外出，个人仪表全都整理一遍，在房间里等待通知。

大约在12点半的时候，通知全体参会人员，集体上了几辆大客车。车辆缓缓驶出友谊饭店，行驶至右安门大街从中南海右门来到了中南海。我们进去以后，只见在一个院子的门口，已经排满了凳子，我们安静地依次在凳子后面排好队伍，我被幸运地安排在前排就座（右数第7个）。两点半左右的时候，边上院子的门打开了。我们一看，全场立即响起热烈的掌声，每个人都激动万分——毛主席接见我们。只见毛泽东、周恩来、刘少奇、朱德、邓小平等党和国家领导人依次向我们走来，毛泽东主席神采奕奕，向我们挥手致意。我就坐在毛泽东等中央领导的旁边，心情无比激动，就在那一刹那间，留下了这张珍贵的历史合影。

通企业财务工作会议全体代表时合影 *1963.11.16.*

■前排就坐的党和国家领导人：毛泽东、周恩来、刘少奇、朱德、董必武、邓小平、彭真、李富春、李先念、谭震林、刘伯承、陈毅和聂荣臻等，时任杭州卷烟厂厂长的蒋世杰也在前排就坐（前排右起第七个）和老一辈的党和国家领导人留下了珍贵的合影，这张照片不仅是记录老厂长蒋世杰的荣誉，也彰显了中华老字号——杭州卷烟厂的光辉岁月，现珍藏在烟厂档案资料室。

在文革时，我被打成"走资派"，这张照片也被造反派从杭烟的会议室拿下，不知去向。打倒四人帮后，我四处搜寻这张照片，都没有找到。所幸当时在省财政厅还有一张照片保留，我又重新冲洗了出来。这张失而复得的照片，现在几乎天天陪伴着我。

回首往事，蒋老感慨不已，这张珍贵的照片，是他一生最为荣耀时刻的见证，也是杭州卷烟厂辉煌历史的见证。他把自己的一生都奉献给了这个老字号，如今最欣慰的事，便是看着它不断发展、壮大，继往开来，续写荣光。

○创建于清·宣统元年（1909）○

光华火柴厂

我国最早的火柴是从外国输入的，所以民间习惯称为"洋火"。1880英国人在上海开设"燧昌自来火局"，这是外国人在华开办的第一家火柴工厂。我国最早的自办火柴厂，是1879年侨商卫省轩办在广东佛山的巧明火柴厂。在浙江最早的是慈溪火柴厂，但不久即歇业。继之而起的是宁波教会办的正大火柴厂，创立于1907年；1909年开办的杭州光华火柴厂。以后杭州还开办有中益火柴厂、茂利火柴局等火柴厂，并在海月桥成立有火柴业同业公会。

光华火柴厂于宣统元年（1909）开始筹备建房注册，1910年3月正式开工生产。清朝末年，内政腐败，外患日亟，一些忧时爱国之士提倡实业救国，挽回利权。萧山赵志诚时任商办沪杭甬铁路公司工程师，与杭州冯畅亭为同事。冯初办《白话报》（后改为《全浙公报》），且进铁路公司购地科。杭甬段尚未通车而盛宣怀将沪宁沪杭两路路权收归国有，抵押给英国，引发了"拒款抗争"的浙路风潮。赵志诚、冯畅亭等激于义愤退出公司，倡议开办火柴厂，得铁路公司总办汤寿潜和公司董事孙福阶的称赞和支持，复邀集高培卿（杭州源昌钱庄经理）、赵选青（赵志诚堂兄，开发昌化锑矿并在铁路公司采办处任职）、王芗泉（杭州市商会会长）、蒋海筹（蒋广昌绸庄主）入股，组成股份有限公司，取光复华夏的意思定名为光华火柴公司。

■光华火柴厂女工出入证章

在筹备期间，赵志诚负责采办机械和原料，冯畅亭负责厂房建筑及公司注册。赵志诚为了掌握火柴制造技术，先去宁波参观教会所办的正大火柴厂，继而去日本一面参观学习，一面采办机器原料。回国以后，会同冯畅亭、赵选青等在江干海月桥里街汤氏所有基地13亩上建筑厂房28间，安装排梗机5部（火柴厂规模大小即看排梗机有多少）。1910年开工生产安全火柴。那时连火柴盒的盒片、火柴梗的梗枝以及商标的印刷都依赖日本，所以赵志诚便去日本学习技术采购原料。其后在帝国主义国家相互竞争下，一部分机器和重要化工原料又逐渐向德、英、美等资本主义国家采购。

光华火柴公司第一个商标是王芗泉家藏古画美女，其后因与日货竞争，又模仿日本的三鼎甲牌，生产天官牌火柴；模仿日本乳牌，并制造送子牌火柴。这种影戏式的商标在过去是习以为常的。

光华火柴厂是建立起来了，原料技术也都解决了，但当时帝国主义用商品输出的手段进行经济侵略，洋货到地完税以后，可得到政府的保护，在内地行销完全免税，而税局对国货则到处设卡收税。清政府虽曾有"仿造洋货可以免税"的规定，但贪官当道，要求免税，难上加难。光华厂依仗汤寿潜的声望，向浙江劝业道要求免税，几经奔走，才由劝业道转财政厅，由财政厅通令各地局所免税两年。由于光华厂独家免税，这就创造了和同业以及日货竞争的有利条件。民国以后，标榜"奖励国货振兴实业"，光华厂借此时机继续争取，一直到厘卡取消，实行统税为止。

光华火柴厂得到免税的优势以后，在金华、兰溪、温州、台州设立四个"庄口"，控制金、衢、严、处、温、台旧府属，在余姚、绍兴、嘉兴、湖州、桐庐、杭州等地，利用经销火油、卷烟、颜料的殷实商店，采取独家经销

光华火柴，由他们批发给各地关系户；还在安徽、江苏、江西、福建四省，屯溪、溧阳、泗安、广德、玉山、浦城等地建立销售网络，为日后的发展奠定了坚实的基础。

光华火柴厂自取得免税以后，逐渐挤走了倾销的日货，营业蒸蒸日上，几年以后，光华厂的基础越发巩固。为了降低成本，增加利润，光华火柴厂开始在原料方面与别厂合作，摆脱依赖进口，谋取自力更生。如火柴商标开始由日本印刷，后来全部改由国内元丽印刷。火柴梗枝和火柴盒片联合上海同业在浦东开办华昌梗片厂，产品由投资厂包销。后来赵选青、赵焕庭堂弟兄在诸暨家乡创办兴华盒片厂，用松木制盒片，成品全部供应光华厂。火柴的重要原料牛皮胶一向由日人操纵，光华火柴厂联合上海燮昌厂、苏州鸿生厂聘请吴蕴初主持创办炽昌新胶厂，胶粉归合作厂包销。其他化工原料也逐渐改用国货。

1914年第一次世界大战爆发，给光华火柴厂带来大发展的机会。在大战开始以前，海上交通尚未中断，光华火柴厂凭借其实力与银钱业的关系，迅速向德商亿利登洋行买进足够数年用的赤磷、氯酸钾等火柴主要原料，又买进其他国家的化工原料。战事发生，原料中断，外货锐减，原料与火柴价格飞涨，光华火柴厂就在这样的形势下，开始了它的黄金期。不久日本参战，中国人民抵制日货，堵塞了日商倾销火柴的门路。为了社会消费需要，光华火柴厂开工时间延长到晚上10点钟。欧战开始以后，火柴箱用的2号铅皮没有进口了，光华火柴厂在市内销售改用散装，远销利用浙江盛产之竹篾与竹箬，内衬油纸以代铜皮。直至20世纪80年代，火柴厂一般直沿用这种包装，取其价廉而省工料。但出口火柴则仍用铅听包装。

第一次世界大战结束后，光华火柴厂大兴土木，扩建厂房、仓库及危险品隔离仓库，并逐步建造工人宿舍。在海月桥河下、红石板、羊义弄、大巷口、厂门前建造楼房12间、平房50间。改进磨药、烘房等设备，排梗机扩充到33部，主要车间由手工操作改用机器。资本增加到50万元，厂基面积扩大到七十

■光华火柴厂生产的火花

多亩，拥有男女工人一千两百多名，成为杭州火柴同业中规模较大的企业兴华厂盒片全部由光华包销，意见分歧。此时上海大中华火柴公司已成立，它以优异的质量，用采花牌赶走了光华的采莲牌火柴，占领了光华在杭嘉湖的市场区。在浙江省内，欧战以后，温州、绍兴、丽水等处又有新厂设立，光华厂

137

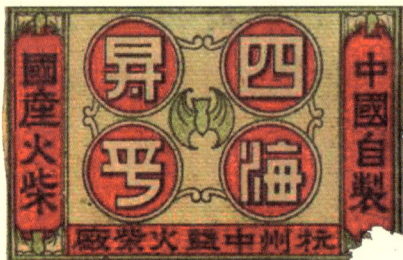

■杭州中益火柴厂四海升平牌火花　　　■杭州茂利火柴局双鱼牌火花

■温州火柴厂狮球牌火花　　　　　　　■宁波正大厂玉兔牌火花

■绍兴便民火柴厂便民牌火花　　　　　■宁波正大火柴厂浙江地球牌火花

　　"腹背受敌"，经营就不能如过去般一帆风顺了。

　　"火柴大王"刘鸿生于1930年成立"托拉斯"性质的大中华火柴公司后，与光华厂协商合并，光华部分董事不同意。赵选青预感长此以资金拼搏，终将付诸东流，乃力排众议，征得汤家的同意，主动与大中华协商合并。1934年7月大中华派代表来杭，审核账面与固定资产，从宽估值，同意按资本总额50万元入股外，再升值15万元，因此大中华的资本总额由原来的300万元增至

■绍兴便民火柴厂乐神牌火花　　　■温州火柴厂美丽牌火花

365万元。刘氏对光华垂涎已久，至此如愿以偿。大中华合并了各厂以后，当时的火柴年产量约占华中地区的半数。

　　新公司对老公司的权利义务全部承担，职工全部继续雇用，赵选青调任大中华公司襄理，董事王百年任光华厂顾问，董事冯锡之任光华厂长。1935年9月冯辞厂长，公司改派翁广漪任厂长。1936年7月翁调回公司主持化验室，公司调镇江厂代厂长吴石经接任光华厂长，直到社会主义改造公私合营。在申请合营后，公司派襄理周太初来杭州任光华副厂长，主持清产核资。合营以后两人被委为私方副厂长，直至退休。

　　1949年5月3日，杭州解放。光华厂为了迎接解放照常开工，并在大门口设置茶水桶。工人们在工会理事长赵利洪组织下，扛着预制的红旗到武林门迎接解放军进城。解放军经过厂门，挥手向工人致意，秋毫无犯，向钱江大桥西去。

　　1949年5月17日光华厂实行军管，牟建华、李连君二人为军事代表。新工会成立后，解除军事管制，成立中共党支部。第一任书记为华克敏，副书记为本厂工人周玉山。此后支部扩大为总支，后由总支上升为党委会。1955年公私合营后易名为杭州火柴厂。

HANGZHOU 百货篇 BUSINESS

杭州老字号系列丛书

百货篇

工艺美术篇

叁

泉張小

■杭州吴山脚下的大井巷内张小泉近记剪号旧址，现在已经拆除。

○创建于明·崇祯年间（1862）○

中国名剪张小泉

杭 剪也是历史悠久的杭州特产"五杭"之一，清代就非常著名，杭人丁立诚《武林杂事诗》有《大井巷购剪》诗，曰："快剪何必远求并，大井对门尤驰名。吴山泉深清见底，处铁锻练复磨洗。象形飞燕尾涎涎，认识招牌张小泉。疾比春风净秋水，不数某市王麻子。"

■杭州张小泉近记剪号"海云浴日商标"彩色广告纸

■张小泉近记老店声明真假区别"泉近"

吴山大井巷　江南第一剪

　　晚清时，杭州大井巷的张小泉、北京菜市口的王麻子刀剪驰名全国。

　　丁立诚《武林市肆吟》还有诗曰："利似春风二月天，掠波燕子尾涎涎。并州新样张家好，门对吴山第一泉。"

　　张小泉老板张祖盈和双井记老板许子耕联合撰写的记述文章《张小泉剪刀厂》（载1997年《杭州老字号》），叙述了张小泉从明代崇祯年间率子来杭的创业史。这不仅是一部张小泉近记剪号惨淡经营、艰苦奋斗的历史，还是一部中国近现代商战中，维护商号的历史。

　　杭州张小泉剪刀厂的前身是张小泉近记剪号，到张祖盈宣统二年（1910）

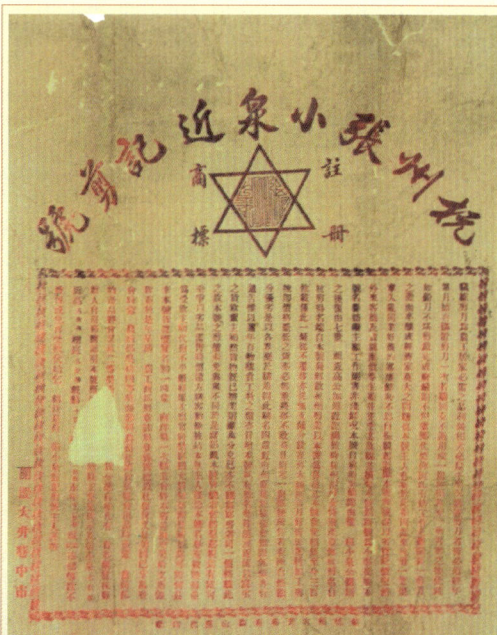

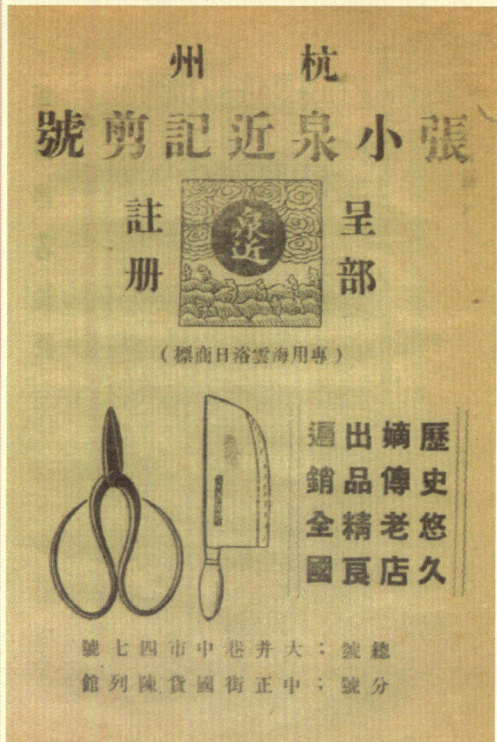

■上 杭州张小泉近记剪号广告，详阐记述其历史悠久，中外赛会得奖商勋，从张小泉至第八代传人张祖荫也一一列出
■下 杭州张小泉近记剪号广告

承受祖业时，已历七代。设有大井巷总店一处，以后在湖滨国货陈列馆（即现在解放路百货商店店址）增设支店一处，那时张祖盈只有16岁，祖业仍由祖母孙氏当家，店务由高燮堂管理。

"张小泉"的第七代传人张祖盈，1890年生于杭州，毕业于南京政法大学。

1910年，张祖盈任张小泉近记掌门，店内的日常事务由外聘的高燮堂管理。1910年，张小泉剪刀在南洋第一次劝业会获银奖。1915年2月，在美国旧金山举办的太平洋"万国博览会"上获铜牌奖。从此，近记剪刀，不仅在南洋一带生意年年有所增加，而且还远销欧美，在国内也畅销赣、皖、湘、鄂、川等省。当时近记平均每月门市销售各类剪刀计一万余把，金额接近万元。

1917年，张祖盈在上海发现理发剪镀镍，颇为美观。返杭后他就和几位老师傅积极研究试制，先把坯剪脚由原来的细方形改为粗圆形，并请丁春生、陈庆生师傅专门研究坯剪的拷

■张小泉第一支店广告 ■张小泉近记剪号包装盒

磨、弯脚、抛光、镀镍等工艺，经过他们反复改进，终于试制成功。由此产品外观更加美观，一经销售，大受顾客欢迎。

1919年，张祖盈受杭州"浙江病院"院长韩请泉之托，试制医用剪刀和钳子。由于缺乏必要的技术指导和测试设备，产品试制出来效果不尽如人意。加上民国初年国内崇尚传统中医，西医并未普及，而一般西医大都有崇洋心理，不愿试用国产医疗器械，所以这些产品因缺乏销售，最终停制。

1919年，张小泉近记剪刀店因制作理发剪、剪刀镀镍成功，得到了当时北洋政府农商部的第68号褒状。于是张祖盈在大井巷又正式修建了镀镍工坊。1925年一场邻火延烧，店堂和工场俱毁，事后张祖盈多方筹款修复了店堂和工场，但已元气大伤。

1926年，张小泉近记剪刀在美国费城的世界博览会获得银奖章。为了迎接杭州1929年的"西湖博览会"，张祖盈加大广告宣传力度，除了在报刊登载张小泉近记广告外，还到处张贴广告，制作霓虹灯广告，甚至在市内公共汽车上、郊外长途汽车上，都挂了美术广告牌。张祖盈还继续推行剪刀包退、包

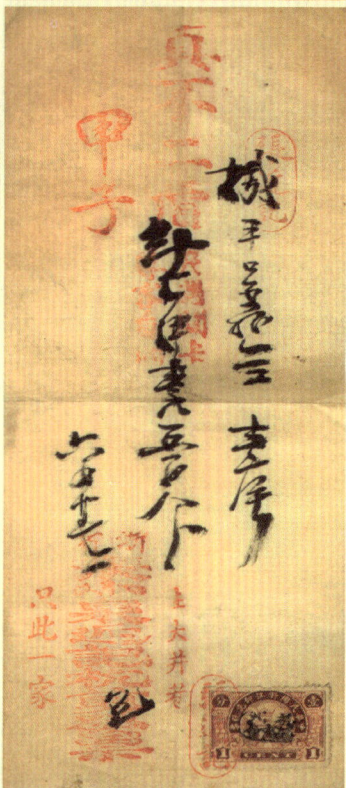

■上 民国杭州张小泉近记剪号，上有云海浴日"泉近"商标
■下 民国甲子年（1924）贴有税票，浙省张小泉近记杭剪发票，税票及右上角盖有"张近记"印戳

换、包修的"三包"制度。1926年10月，国民党新任省主席张静江在西湖举办的博览会上特邀张小泉剪刀参加，由于张祖盈的前期宣传，再加上张小泉剪刀质量好、名声大，许多中外客商纷纷订货，成为"西博会"的抢手货。当年张小泉剪刀产量达到一百六十万把，创历史最高记录。张小泉剪刀还荣获"西博会"特等奖。

据民国三十六年（1947）11月《浙江经济年鉴》刊载，张祖盈在改组后的杭州商业剪刀同业公会中任负责人，下辖31个商号，会员人数为122人，会所设在华光巷河下4号。

1937年，日军侵占杭州，张小泉剪刀店被迫停业，张祖盈避难上海。抗战胜利后，张祖盈返杭重新经营剪刀店，产品一时供不应求，但好景不长，因国民政府发行的"金元券"不断贬值，不到两年就亏了五万把剪刀，不得不宣告停业。

1949年1月，张祖盈将张小泉近记全部"生财"和店基顶租给张小泉双井记老板许子耕。但复业不到4个月资金亏蚀殆尽，近记又陷入绝境。

杭州解放后，1949年11月1日，杭州市工商业联合会筹备会在现中山中路（商会会址）正式成立，张祖盈作为张小泉近记老板，是商会筹委会的52名成员之一，此后张祖盈因年龄原因而慢慢淡出剪刀业，直到1979年病逝。

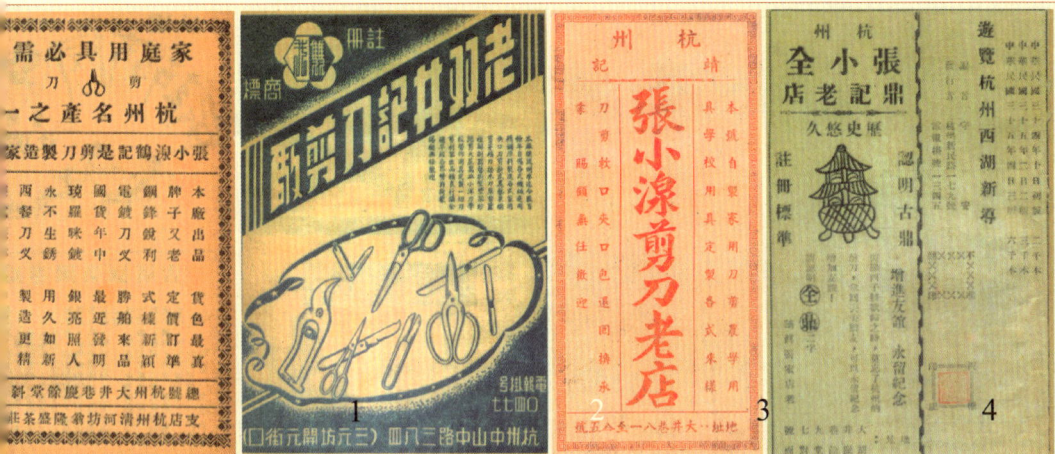

■左 张小泉鹤记剪号广告，自称"刀剪鼻祖"　　■中左 张小泉老双井记刀剪厂广告
■中右 杭州靖记张小泉老店剪刀盒，店址在大井巷
■右 杭州张小全鼎记老店"古鼎商标"广告。（1946年《游览杭州西湖新导》）

张小泉剪号横空出世

　　张祖盈的五世祖张思泉，系皖南黟县人，曾在芜湖学得精制剪刀的手艺，后来带着儿子张小泉在黟县原籍开设张大隆剪刀店。父子两人自制自销，因产品钢火好，经久耐用，博得远近称赞。那时杭州的民间用剪都从皖南贩来。明崇祯年间（1628年左右），张小泉率子张近高逃难来杭，觅得吴山北麓大井巷一块空地，父子两人，搭棚设灶，挂出"张大隆"招牌，选用龙泉、云和等地好钢打造刀剪。

　　那时的大井巷、清河坊一带，正是杭州的商业中心，"上江客"、"浙东客"皆云集于此。由于张小泉制作认真，剪刀锋利，耐用精巧，各地客商称心应手，广为传播，因此生意兴隆，利市十倍。为此，就有人跟着制剪，并冒"张大隆"招牌出售。张小泉气愤之下，在清康熙二年（1663），把"张大隆"改用自己名字"张小泉"，以仿假冒，不料以后冒牌的反而更多了。

　　张小泉去逝后，儿子张近高继承父业，为了维护自家商号利益，在"张小泉"三字之下，加上"近记"两字，以便顾客识别。但仍然无法制止他人的影戤。

147

■左 在清光绪年间，"小泉剪刀满街巷"，假冒之剪日益猖獗。为了保全祖传家业，张小泉第六代传人张利川之妻孙氏携幼子永年拦轿告状，钱塘县令束允泰当众写下"永禁冒用"四个大字，准其立石碑于作坊门口，开创了中国知识产权保护的先河。 ■右 杭州张小泉近记剪号广告，上有获得的各种奖项。

张近高的儿子张树庭受业时，适逢乾隆南巡至杭，曾微服到店买剪刀。事后责成浙江专办"贡品"的织造衙门进贡张小泉近记剪刀为宫用之剪。从此张小泉剪刀声誉更隆，而冒牌的也就愈多了。

张树庭传业至儿子张载勋，张载勋的儿子张利川及张祖盈的父亲张永年时，同业冒牌几遍全市。

张利川在光绪二年（1876）去世时，子张永年尚幼，企业全由其母孙氏掌管。为了维护商号品牌，孙氏于光绪十六年（1890）趁钱塘县正堂束允泰每月初一、十五例行上城隍山进香之际，拦轿告状，控告别人"冒牌"。从此，"张小泉"得到官府批准，在招牌上加"泉近"两字，钱塘县知县还出了布告

"永禁冒用"，并且刻石立牌于店门。到宣统元年（1999），还叫张祖盈以"云海浴日"商标送到知县衙门，转报"农商部"注册，商标上加上"泉近"字样。这应该是杭城最早的商标轶事了。但此后，一般同业，仍以音同字异打出招牌，频频现于市场。

前页右图为杭州张小泉近记剪号大幅广告，原大长51厘米，宽31厘米。纸张质地差，印刷模糊，但传递给我们的历史信息很多。上首中间是张小泉专用海云浴日泉近商标，两侧是所获南洋劝业会褒奖章，下有清朝农工商部注册执照、南洋第一次劝业会奖给银牌执照、南洋劝业会奖凭、农商部物产品评会奖凭、美国巴拿马世博会奖凭、农商部褒状奖励发明镀镍剪刀等六张执照和奖凭。下面是"杭剪之始祖，镀镍剪之发明者"的广告词，列举了从张小泉至张

■真张小泉剪刀老店广告

祖盈的创业史。中间还有民国二年（1913）杭县知事周李光署名的禁止冒牌，保护张小泉品牌的布告。

民国时期，杭州有许多各种各样的张小泉剪号，而且店面都设在大井巷一带，大井巷成了剪刀一条街，共有10家，除了一家叫"杭州剪刀店"外，其余9家分别是张小泉近记，张小泉大荆记、鑫记、阴记、丁记、鼎记、靖记、锦记、长记。当时大井巷内10家剪刀店中有7块碑。内容大同小异，其目的是向顾客表明自己是真正的张小泉剪刀。而且上海、南京、苏州各地也有诸多的"张小泉"剪号。这么多的张小泉剪刀店也留下了许多文化沉淀，展现出来可以让我们品味感受真假张小泉冒牌风之盛。2006年，浙江省高级人民法院审判的上海张小泉和杭州张小泉商标的官司，既是中国近代商标战生动的一课。也是百年"张小泉"品牌战的延续。

祖训立志　良钢精做

张小泉近记剪刀的特色：采用镶钢锻打工艺即选用浙江龙泉、云和的好钢镶嵌在铁件上，反复锻打，成型后粗磨，最后采用镇江的泥砖细磨。张小泉剪刀以"镶钢均匀、钢铁分明、磨工精细、刀口锋利、销钉牢固、开合和顺、刻花新颖、经久合用、价廉物美"等十大特点，著称于世。自张小泉近记剪刀的历代店主，都是从徒到师，亲身参加制作，学得一身好手艺，对炼钢火候，有心领神会和独到的操作技术，历久百年，顾客更是称赞不已。

张小泉近记剪刀主要有立虎、山郎、信花及猪毛剪、羊毛剪、桑剪、鞋剪、裁剪、医用剪等数十个品种。此外，张小泉剪刀外形美观式样众多，剪刀表面装饰有刻花、扎藤、扎丝、抛镀等。

张小泉近记发迹于清初，初始父师子徒，亦铺亦灶，自制自销。后来生意逐渐兴隆，靠父子俩的生产，产品已不能满足市场的需要，于是开始招收学徒。几年后，徒工艺成升师傅，又增收学徒，这样经过十几年时间，积累了原始资金，培养了大批人才。

大约在康熙年间，张小泉去世后，张近高正式开设店面，本人仍参加生产。经过张树庭、张载勋、张利川等三代，他们都是子从父师，子袭父业，练就一手剪刀技术，因而师傅、工头、业主三位一体。

1876年利川去世时，张家企业的资财已有5000银元，制剪坯灶10只（每灶4人，师3徒1），加工场二三十人，店员七八人，总计员工学徒七八十人，这时由孙氏经营店务，另请高燮堂管理，王嗣庆协理。此时，张小泉剪刀店业主已完全脱离生产。

当时炉灶师傅常出次品，影响营业。孙氏为了使炉灶不出次品，索性把炉灶工徒全部解雇。这些师傅徒工有的自设炉灶和工场，朝制夕卖，以谋

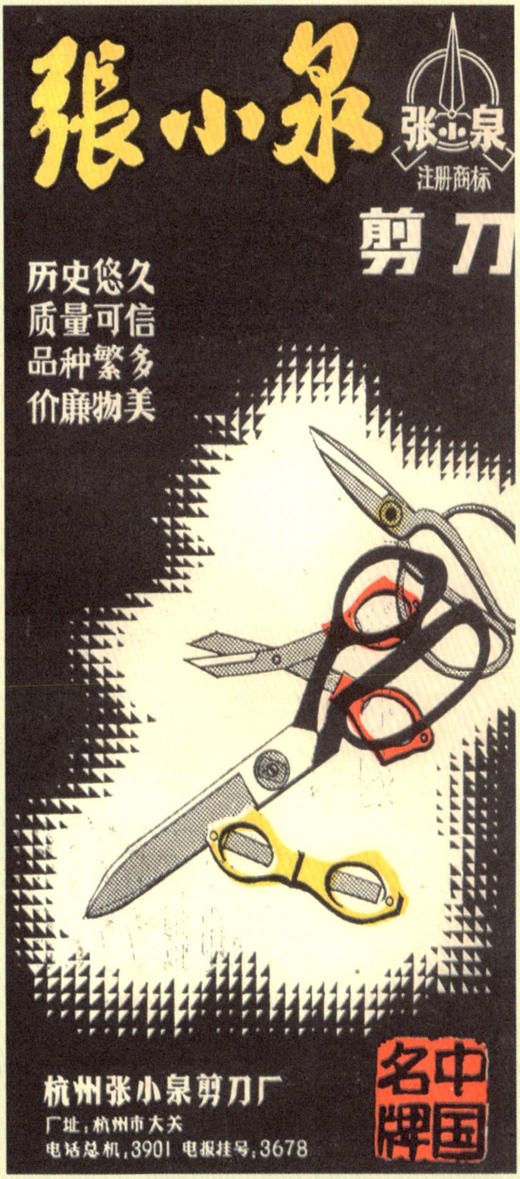

■杭州张小泉刀剪厂广告（20世纪80年代）

151

■左 张小泉剪刀第十二代传人，也是目前保留下来惟一的照片，现存张小泉博物馆内
■右 在上海英租界大西路忆宅盘路336号张小泉上海分号广告

生计；一部分另投业主。而张小泉近记的坯剪改向各炉坊订购。孙氏规定凡由本店出去的工徒作坊，本店优先收购，不分旺季淡季，一律现钱收购，在价格上比其他剪号提高一二成。而炉坊工人，为了脱货求现，维持生活，对他们的日产、日销带来方便，也乐于和张小泉打交道。每天下午，他们总是把大批剪坯送来店里。张小泉拣了又选，把上等货色买下，挑剩的，炉坊工人只得七折八扣的，甚至对折，卖给别的剪店。这样做，对作坊工人来说，价格上提高一二成，而对张小泉近记，不仅保证了剪坯质量，也稳定了剪坯来源。

1917年，张祖盈将剪刀改作抛光镀镍以后，更受远近顾客的欢迎，产销双方都有所发展。那时光是制作坯剪就有包炉40只，店内自置镀镍工场。抛光镀镍使用机器，弯脚、打磨、检验等三道工序仍是手工操作。雇有师傅四五十人，徒工八九人，店员十六七人，这样由张小泉近记直接雇用的员工学徒将近

八十人，加上间接控制的炉灶工徒，共有两百余人，月产大小各种剪刀1.5－1.6万把，门市兼批发平均日售金额四五百元，除去成本及一切开销外，可以日赚纯利100多元。

但好景不长，1925年一场邻火延烧，厂店俱毁，元气大伤。事后多方筹款修复厂店，勉强营业，但已调度失灵，头寸日绌。1929年西湖博览会期间，张小泉近记剪刀参与展览，并获得特等奖状，营业额遂有起色。但近记还是没有恢复元气，到1930年，亏欠现金约8万元，几濒破产。1937年日寇侵占杭州，厂店全部被占，营业停止。

抗战胜利后，张祖盈由沪返杭，又借资投入企业，聘顾韵声经理店务，雇员工十余人，重新经销剪刀，规模只有1930年以前的三分之一，营业又兴旺过一个短暂时期。但是物价一日数涨，法币朝夕数贬，店中存货越来越少。这时杭州许多同业相继停业。1948年8月，政府发行"金圆券"，强制压低物价。抗战前一套剪刀（大小五把）售价1.65元，这时只准售"金圆券"几角，因此，到9月底就亏损了剪刀5万把（1万套），不得不宣告停业。

1946年《杭州指南》刊有杭州市剪刀业同业公会，地址在大井巷，理事长为张祖盈。1948年《杭州大观》也刊有杭州市剪刀业同业公会，地址在旧藩署9号，理事长已易人，从侧面印证了张小泉近记剪号的那段历史。

1949年1月，张小泉双井记老板许子耕以大条19条（黄金190两）盘下张小泉近记的品牌和店基，但复业不到四个月，资金亏蚀殆尽，近记又濒临绝境。5月杭州解放，近记始获新生。人民政府给予低息贷款、供应原料、订购包销等种种帮助，使得有300年历史的张小泉近记剪号，得到了新的发展。

极富喜剧性的是，张小泉的第八代传人张祖盈和杭剪张小泉双井记老板许子耕竞争数十年，最后，张小泉近记全部盘给了双井记，两人合写了张小泉近记剪刀号传奇般的历史。

重振雄风　再创辉煌

1999年7月，张小泉正处于濒临倒闭的最低谷，销售额萎缩到无法支付工人的工资，车间也半停产了。丁成红欣然放弃了去市政府机关做处长的机会，毅然来到张小泉。

37岁的丁成红正是年富力强的好年华，又有多年经营企业的经验积累，"做技术就要做到高工，干企业就要了解全过程"，他很高兴终于有了这样一个展示才华的机会。

张小泉上上下下的人都在观望着，有期盼，也有猜疑和担忧。丁成红以"一定要把老字号撑到底"的坚定信念上任了。所以，当年面对厂报记者的采访，丁成红坦诚面对记者敞开心扉：

"我无需带什么自己的人马，又不是战争年代深入到敌后。只要是热爱张

■杭州张小泉剪刀厂厂房全景（摄于1960年4月）

杭州老字号系列丛书

百货篇

小泉，想把张小泉这个老字号搞好的每一个人都是我的朋友，是可以信任的合作伙伴，是我要依赖和共事的战友，因为我们的目标是一致的。有了这么多的好朋友，我还需要带什么人呢？张小泉是个很好的老字号，就像是我喜欢和敬重的一个人，现在这个人病了，长了些肿瘤，我要做的就是和大家一起把他身上的肿瘤切除，把他的疾病治愈。让他恢复健康，重新获得青春和美丽！"

经过深入仔细的调研，丁成红找到了企业的症结——销售上不去。他首先和市场部的人员一起一家家跑销售处、门市部、批发市场，把混乱的市场进行了彻底的整改：统一了价格，收回了应收款，调整了销售人员和销售结构，查处假冒伪劣。短短半年，销售额增长30%，使企业起死回生。

丁成红新官上任的"三把火"是：他上任不到两个月，立即用回流款还清了拖欠职工的住房公积金共近百万元；为每一位在职职工普加工资一级；对租用张小泉房屋多年却从没付过一分钱租金还白用水电的大酒店，在采取了谈

155

判、停水电等多种方法均无效后上告法院进行了起诉，法院判决酒店逐月还清欠款。他的每一把火都和职工的利益相关，烧暖了工人的心坎，点燃了工人的生产积极性。

临危授命的丁成红被广大员工接纳和认可了，但也并非是一片喝彩声，就像医生做手术一样，手术刀下总会有痛、会流血，那些个人利益受损、"发财"之路被堵的人，自然对丁成红恨之入骨。丁成红在办公室和家里多次接到恐吓电话："你做事情要有点数，不要没数没章。"甚至有人带着一帮弟兄寻到他家的楼下。还有人把匿名信复印多份四处散发，对他进行攻击、中伤。丁成红没有在意，更没有害怕："真正有理的人不会用这种鬼鬼祟祟的方式，真正想对我做什么的人也不会这样虚张声势的。"他微笑着面对，一如既往地做自己的事。

2000年，丁成红到张小泉不到一年就遇上了企业改制，杭州市有关领导亲自到张小泉了解情况，并指示马上进行企业改制。企业的效益刚刚有了一点起色又要有大变革，工人的心乱了："国家不管我们了。"其实，丁成红的心中也没有底，毕竟他从大学毕业后，一直在国有企业工作，做了多年的国家干部，这一下得彻底改变自己的身份和观念了。

丁成红只好忘记自己，很投入、很认真甚至比刚到张小泉时更辛苦、更仔细地把工作的重心转移到了改制上面，毕竟，事关每一位职工的切身利益，不能有半点差错。丁成红和班子成员分头找职工谈话，开座谈会，一稿一稿地修改方案，做了许多前期的铺垫工作。他们千辛万苦地搞定了方案，就等着职工代表大会通过。对此，丁成红胸有成竹。

出乎他的意料的是，职工代表基本上没有举起赞成的手。丁成红傻眼了，觉得从来没有过的这样的挫伤。他已经记不得当时自己让中层干部留下来后说了些什么话，他只记得自己很冲动、很失态，也很懊丧。

散会后，他立刻离开杭州去出差了，他得让自己冷静下来，他得重新梳理一下紊乱的思绪。他请教了许多温州的企业家，汲取那些改制成功同行的经

国家非物质文化遗产保护项目——张小泉制作工艺

1. 拔坯
2. 打钢
3. 嵌钢
4. 出头
5. 埋头
6. 打钢
7. 打下脚
8. 冲外口(一)
9. 锉外口(二)
10. 掮剪刀

■ 张小泉现任掌门人丁成红

验，反复找有关专家探讨、论证，听取了方方面面的意见和建议，经过再三推敲、调研，推翻了原来的方案，重新起草了一个全新的改制方案。这一次，他并没有急于召开职代会，而是几上几下，不断修正，多次讨论后，觉得找不出什么漏洞了，才再一次拿到职代会上去通过。这一次，丁成红在说出："同意的请举手"后，就不敢再抬头看了。这一次满票通过，也给了丁成红留下来把张小泉这个老字号进行到底的勇气和信心。

但真的要实施改制方案，特别是要大家掏腰包出股份还是困难重重的。丁成红更是感觉到他身上的那份压力和风险。他独自一人坐在剪刀博物馆的楼上，细细地查看财务报表，苦苦地思索着自己该何去何从。按方案，他个人得用房产抵押从银行贷款20万入股，而他最终是否能够进入董事会、出任董事长

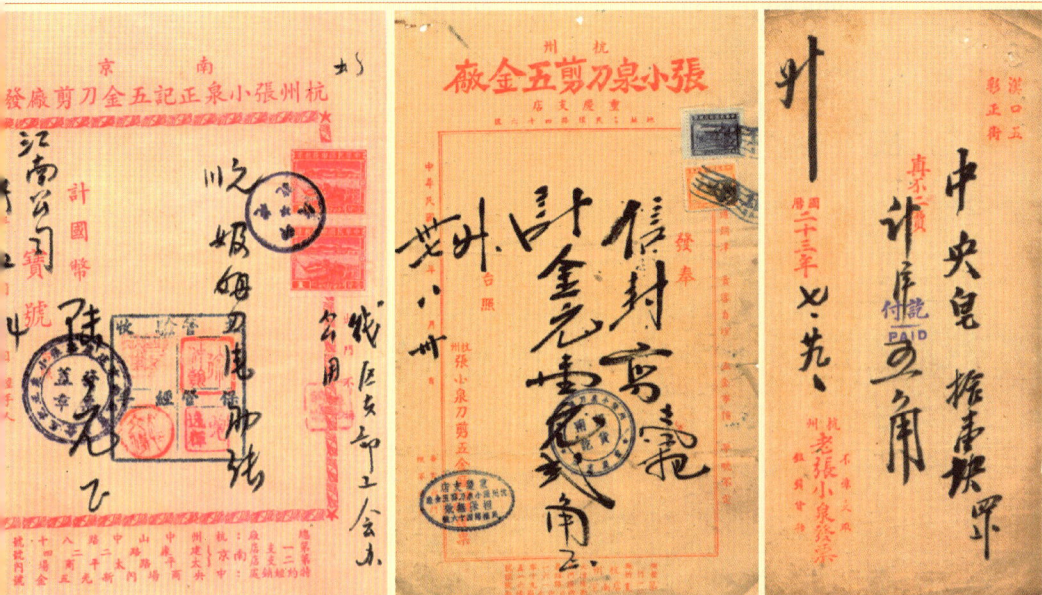

杭州张小泉剪刀厂
张小泉牌 民用剪刀

全国用户满意产品

中国质量管理协会用户委员会
一九九七年四月

驰名商标证书

■左 张小泉剪刀获全国用户满意产品　■右 张小泉荣获驰名商标

■左 1948年南京杭州张小泉正记五金刀剪厂发票　■中 1948年杭州张小泉刀剪五金厂重庆支店发票
■右 1934年汉口五彩正街杭州张小泉发票

就完全是个未知数了。

　　最终，丁成红还是跳出了那个"小我的个人利益"，他想，即使自己最后不在那儿做了，最终血本无归了，他也得咬咬牙挺住，因为善始善终让改制圆满完成是他的责任呵！

　　原来1100多名在职员工在分流后精减到800人，中层也从80多人减到43人。改制结束，企业又以一种新的状态轻装上阵。

　　在杭州张小泉集团有限公司正式成立挂牌的那一天，丁成红百感交集，一时竟涌起一种很可怜自己的悲壮情绪。但不管怎么说，他还是舒了一口气，作为组织委派的一名干部，自己无愧于党的事业。

　　丁成红的那种敬业精神，先进的管理理念，任人惟贤，把职工利益放在第一位，这些都是赢得人心的重要元素，他以最高得票蝉联两任董事长、总经理。

　　如今，丁成红已经是一个彻头彻尾的张小泉人了。他说，不做张小泉，就不能算是做刀剪的人。他对自己能够有幸成为张小泉中的一员觉得是一生的荣耀，也感觉自己的任重道远。他对这个老字号的品牌珍爱有加。虽然，作为一

159

个企业家，他明白，也许花同样的精力、财力去做那些新兴产业能获得更高的附加值，能赚更多的钱，他也相信自己有这样的能力和实力。但他不是那种急功近利的人，对财富、对事业有自己独特的价值取向，对张小泉有一种特殊的情结。这也许注定了他要成为张小泉的传承者。

他热爱张小泉，是因为他懂得张小泉已不仅仅是剪刀的代名词，也是深厚的文化内涵积淀。张小泉的知名度、美誉度是300多年的积累，是一份厚实的无形资产。乾隆年间，张小泉近记剪刀已被列为贡品；"剪切锋利、开合和顺、手感轻松"的风格，一直为民众所赞；而多次在巴拿马万国博览会和南洋劝业会等获得国际级的奖，更让张小泉剪刀声名远扬海内外。张小泉是目前刀剪行业中惟一的中国驰名商标。2002年通过了ISO9001质量管理体系认证，同年还获得原产地注册保护。

丁成红和每一代传人一样兢兢业业地维护张小泉的美名，牢记"良钢精做"的祖训。但他也很清楚地看到老字号那种老观念的束缚，"一直就是这样做的！"似乎成了老字号做事的准则和规矩。对此，丁成红的回答是："我们

■张小泉剪刀博物馆

■杭州张小泉海云浴日"泉近"商标

■杭州张小泉剪刀包装盒

可以做得比从前更好！"这个更好就是突破、创新，就是与时俱进，这也是延续老字号生命的秘诀。

坐吃老本，新产品开发速度慢、难以跟上市场步伐，在产品质量和营销方式上难以和新兴的现代化的同类企业抢占市场，这也是和张小泉齐名的王麻子剪刀厂衰落的根本原因。这也是丁成红的前车之鉴。虽然，张小泉在国内的市场覆盖率为90%以上，市场占有率40%以上，每年有36%的产品出口，位居同行榜首。张小泉已经作为名牌产品进驻麦德隆、沃尔马、欧尚、好又多等大卖场。品牌身价也猛涨，已经有人愿意高价买下原始股。但丁成红依旧很有危机感，在和德国的同行相比之下，他还是找到了差距。

借用外力进一步把张小泉这个老字号做大、做精，更上一层楼，是丁成红一直在努力的方向。他们已经先后投巨资从德国、瑞士等国家引进数控刀剪磨床，热处理设备等具有国际先进水平的刀剪生产专用设备。已有90%以上的工序实现机械化、自动化。

搞技术出身、大学毕业不久就因为搞电机马达优化设计而在业内闻名的丁成红，到了张小泉后，依旧十分重视技术革新，不断对剪刀的材料加工手段、

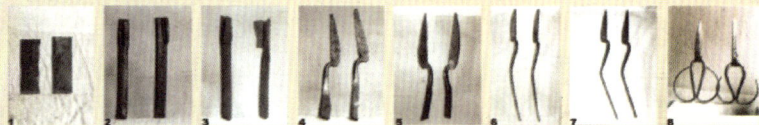

张小泉锻制技艺获国家非物质文化遗产保护

张小泉"镶钢锻打"工艺

1663年，张小泉首创了"镶钢锻打"工艺，采用镇江泥砖磨刷，制作的剪刀钢铁分明、磨工精细、锋利耐用，深受人们喜爱。同时张小泉立下了"良钢精作"的家训。1920年张小泉后代首创了"刻花"工艺，在锻打民用剪上刻上西湖山水、飞禽走兽，栩栩如生，令消费者爱不释手。锻打民用剪采用"镶钢锻打"工艺，全为手工制作，工序有24道，现摘8道主要工序如下：

(1)、毛坯：用于剪刀刃口的钢坯。(2)、开槽：在铁坯上开槽，用于剪刀刃口钢的镶接。(3)、镶钢：吾钢嵌在槽口里。(4)、锻打成型：自由锻成型。

(5)、打磨、做头。(6)、打脚：自由锻打脚成型。(7)、淬火整理：通过淬火，使之坚硬而有韧性。(8)、产品成型。

张小泉锻打民用剪

锻打民用剪不仅是张小泉的起家产品，也是张小泉历史最悠久的产品，现仍保持200万把的年销售量。

十七世纪产品造型　　十八世纪产品造型　　十九世纪产品造型　　1972年产品　　1979年产品

■张小泉锻制技艺获国家非物质文化遗产保护

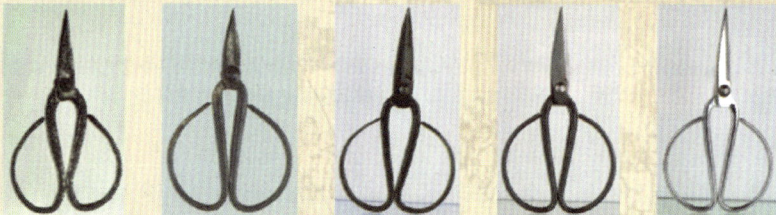

悠悠歷史三百載
小小剪刀五洲愛

嚴濟慈題

一九八六年五月十四日

■严济慈为张小泉题词

刀剪造型、包装进行改革和创新，公司的研究所每年保持十余个新产品的开发速度。现在的张小泉已经不再是简单地只做剪刀了，公司的主导产品包括家庭用剪系列、工农业园林剪系列、服装剪系列、美容美发剪系列、旅游礼品剪系列、刀具系列等共120多个品种，400多个规格。

丁成红说，他们的厂就要拆迁了，他认为这又是一次新机遇。到时候会有一座全新的厂房，有更现代化的设备和工艺以及各方面素质更高的员工充实到张小泉中。他对前景充满了信心。

2000年，企业改制，杭州张小泉集团有限公司成立，新掌门人丁成红开创了一个老字号的新纪元。中国浙江省杭州张小泉剪刀厂是目前中国最大的剪刀生产企业，其规模最大、技术最精、品质最好、价格最优、信誉最高。

"张小泉"一定还会有更精彩的传说……

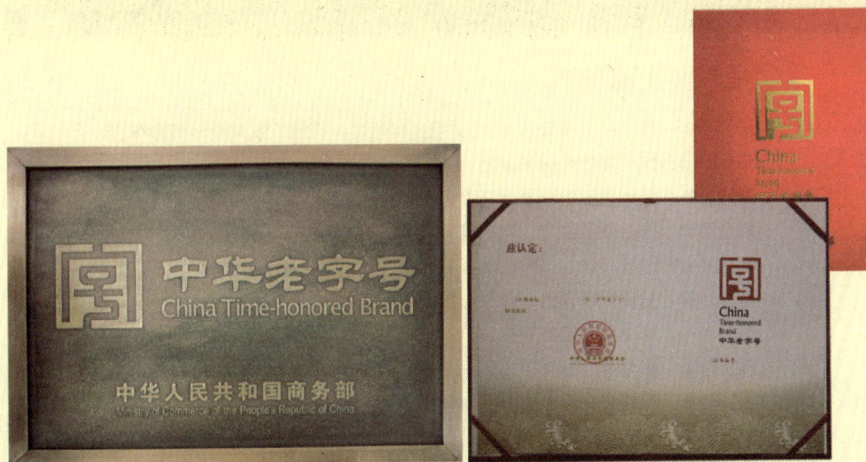

■在2006年3月张小泉集团有限公司被文化部首批认定为国家非物质文化遗产单位。
■2006年12月，在北京饭店由国家商务部再次重新认定张小泉集团有限公司为首批"中华老字号"，证书编号：11002。

资料链接·关于张小泉

张小泉大事年表

■1628年，张小泉率子来杭，在大井巷搭棚投灶、开设"张大隆"剪刀作坊。

■1663年，张小泉把作坊名改为"张小泉"店。

■1876年，张小泉剪刀店增设"近记"。

■1876年，开始雇用住工，自产自销。

■1886年，改自设炉灶为收购销售。

■1937年，抗日战争开始，日军占领杭州，张小泉近记停业。

■1946年，张小泉近记恢复营业。

■1949年，张小泉近记再度停业。

■1953年，相继成立五个张小泉制剪生产合作社。

■1954年，五社合并为杭州张小泉制剪合作社。

■1958年，地方国营杭州张小泉剪刀厂挂牌。

■1966年，杭州张小泉剪刀厂改名为杭州剪刀厂。

■1975年，杭州剪刀厂恢复为杭州张小泉剪刀厂。

■1995年，组建成立杭州张小泉集团公司。

■2000年，改制后，组建成立杭州张小泉集团有限公司。

1937年度《杭州市公司行号年刊》
杭城剪刀业店号刊登

"青山映碧湖、小泉满街巷"1937年度《杭州市公司行号年刊》对当年杭城剪刀业的店号均有刊登，现将其行号、负责人、姓名、地址一一刊登，所有剪号几乎都是张小泉，从中也可一窥张小泉商号纷争的端倪。

■张小泉近记，张祖盈，大井巷中市；■张小泉双井记，许子耕，三元坊12号；■张小溪老鹤记，赵仁甫，清河坊81号；■张小溪进记，赵镛山，保佑坊大马路；■张小溪鹤记，赵尧棠，清河坊61号；■张小全大井记，沈施氏，大井巷32号；■张小溪福记，王小福，卖鱼桥59号；何如林，何如林，扇子巷44号；■张小溪老昌记，章久昌，清泰路340号；■张小溪寅记，陈庆生，新民路411号；■张小溪达记，兆增，水师前77号；■张小溪晋记，赵晋祥，太平坊44号；■张小溪连记，朱连富，清河坊87号；■张小溪鼎记，张昌耀，大井巷101号；■张小全昌记，徐正昌，罗安桥大街3号；■张小全进记支店，仁和路143号；■张小溪松记，周观松，湖滨路69号；■张小溪星记，陈世章，仁和路六九号；■张小溪迎记，汪咬其，教仁街105号；■张小全大井记支店，张忠美，延龄路二四号；■张小溪达记，孙阿富，仁和路141号；■张小溪荫记，陈穗芬，清河坊1号；■张小溪达记分销部，张国鼎，大井巷95号；■张小溪惠记，郭攀甫，竹椅子巷7号；■张小溪琴记，丁章生，稽接骨桥直街23号；朱大隆吴记，朱柏林，东街620号；■张小溪金记，岳宝金，庆春路花灯巷口23号；■张小溪静记，杜阿祥，莱市桥53号；■张小溪顺记，倪顺泉，水师前直街5号；■张小溪源记，倪顺潮，察院前直街23号；■张小溪迎记，汪咬其，望仙桥直街41号；■张小溪云记，除阿友，太阳巷直街18号；沈瑞隆，沈荣生，东街路58号；■张小溪庆记，何传卿，众安桥河下2号；■张小溪锦记，傅锦堂，钉鞋巷37号；■张小溪贵记，沈正贵，大夫坊50号；■张小溪勤记，杜阿金，美政桥外街154号；■张小溪昌记，邱昌牛，大学士牌楼9号；■张小溪汤林记，汤永林，明真宫78号；■张小溪宝记，沈森宝，候潮门外62号；■张小溪京记，杨京林，佑圣观路69号；■张小溪荣记，邱昌荣，回春坊103号；■张小溪洪记，丁阿洪，青年路10号；■张小溪锡记，汤锡林，大夫坊50号；■张小溪升记，王陈氏，大夫坊78号；■张小溪庭记，陈锡庭，东街路833号；■张小溪章记，沈阿章，拱埠大同街54号；■张小溪德记，赵阿德，尤家桥59号；■张大隆，张锦良，东街路555号；■张小溪德记，沈貓儿，稽接骨桥3号；■张小溪近记支店，张仲甫，迎紫路陈列馆；■张小溪贵记，沈正贵，下羊市街26号。

■杭州扇业公所墙界

■原扇业会馆外墙

○始创于清·同治八年 (1869)○

"中国扇业之王"王星记扇庄

画家画扇面，书法家题扇面，绅士倩女执扇，历来是很文雅的事情。作为文明古都之一的杭州，自古以来制扇业就很发达。宋室南迁时许多扇画艺人和制扇工匠随皇室南迁，集于杭州，促使制扇业成为南宋京城杭州的一个重要行业。南宋吴自牧《梦粱录》就有"杭有细画绢扇，细色纸扇，影花扇，藏香扇及漏尘扇"的记载。杭州清河坊之东有一条二里多长的扇子巷，就是当年制扇作坊集中之处，扇子巷之名一直沿用至今。

杭州兴忠巷还有座扇业祖师殿，据扇业会馆碑文记载，此殿重建于光绪十四年（1888），当时勒名捐助者有139户。祖师殿神位上供奉的先辈制扇著名老艺人有462人之多，可见清代杭州制扇业之盛。祖师殿供奉的扇业祖师称为"齐纨"，相传是周代诸侯，系扇子发明者，因资料缺乏，已不可考。

167

而晚清民国时期逐步发展，号称"中国第一扇业之王"，一直延续至今的杭州老字号扇庄则是王星记扇庄。

王星记扇庄始创于清同治八年（1869），创业时和杭城百年老扇庄林芳儿、张子元，大型扇庄舒莲记相较，在年代及规模上较逊一筹。舒莲记扇庄在宣统二年（1910）南洋劝业会上曾获奖，其时还有《舒莲记雅扇》诗，曰："笼鹅逸少字虚传，何物清除烦恼天。六月西湖风更好，凉波半折说舒莲。"1929年西湖博览会上，舒莲记折扇又获得特等奖状，但谈杭扇者莫不言王星记。王星记扇庄之产品，长期以来被视为杭扇的代表。其经营发展情况亦反映了百年来杭州扇业之基本面貌。

王星记扇庄创始人为王星斋，故原名王星斋扇庄。王星斋的父亲及祖父都是扇业工匠。王星斋从小就跟随他的父亲学做扇子，继承了父亲的一手好手艺。他又肯苦心钻研，20多岁时已经成为当时杭州制扇作业中一个砂磨名匠。制扇工种，除扇骨扇面之外，主要是砂磨。砂磨中包括拷坯、刮手、炉子（砂磨工作台上都摆着一个小炭炉供烘胶补

■民国杭州王星记扇庄扇盒，扇盒标明三星商标，其时王星记除杭州有总店外，上海还有发行所和货栈。

疵之用）、打磨等工序。有了好的扇骨扇面，还要经高手砂磨，方能成为一把精美的扇子。如扇坯有瑕疵缺陷，经名匠砂磨，亦可得到矫正。所以砂磨是制扇作业中带有关键性的一环，也是扇骨最后一道工序。从劈刀开始到成坯，整个过程，砂磨工都能全部了解与掌握。杭州以前扇庄老板或制扇作坊业主十有八九系砂磨工出身。王星斋学得了一手好工艺，成为砂磨名匠，也就具备了日后创业的基本条件。

王星斋艺成后，在杭州三圣桥钱部记扇子作坊做砂磨工，附近周叶闻弄有个陈益斋开设的贴花制扇作坊，专为舒莲记老扇庄加工制作高级泥金花扇。陈益斋一家人都是贴花能手，贴花是加工泥金扇面的主要工序。舒莲记出名的泥金花扇多由陈益斋作坊加工。陈益斋知道王星斋不仅手艺好，人也能干，就招王星斋为女婿，将长女陈英许配给他。陈英在其父亲的传授下，亦做得一手好泥金扇，贴花洒金，技艺极高。后来王星记所出的最为著名的回泥（冲真金全满）、真泥（真金全满）花式黑扇珍品多出于陈英之手。陈英不仅是个贴花能手，而且勤俭刻苦，也是一个好当家。结婚后，家里就是一个小作坊，每天除料理家务外，都是日夜下场，辛勤操作。业务忙时，终宵不睡。陈英年至七十余岁还带了老花眼镜日夜做扇子。对子女及雇工学徒管理也很严，原料不肯浪费一点，产品检查尤为认

■1948年《旅行杂志》上的杭州王星记扇庄广告，称"中国第一扇业之王"，霸气十足。

■ 王星记的扇子

真，因此既能降低扇子成本，又能提高产品质量。夫妻二人既有了祖传手艺，加上经营管理得法，逐渐由小作坊变成手工场。

一开始，王星斋在其岳父的帮助下，自己精选货坯，夫妻二人精工细镂，制造一些成品去零星贩卖。当时能做这种高级花扇的作坊不多，而王星斋的扇子又特别精巧，独具风格，因此销售很好，开始有了积累。1893年前后，王星斋在上海城隍庙开了一个季节性的小扇子店，每年到夏令季节，王星斋即将家庭作坊中夫妻二人所做的扇子，运到上海去卖，并开始做批发。由于资本少，人手有限，选料加工又特别认真，因此数量不多，每年不过数箱而已。当杭扇鼎盛时期，扇与丝、茶齐名，被人视为杭产三绝。不仅远销各地，而且是献给皇室的主要贡品之一，故又称贡扇。王星斋夫妻所制的高级花扇深为宫廷贵族和一般文人骚客所喜爱。王星斋巧制贡扇的名声，声誉远播，京津一带顾客前来定货者，络绎不绝，销路畅，价格好，获利颇厚。名气传开以后，业务更

好，供不应求。王星斋于1901年在北京杨梅竹斜街开起王星斋扇庄，扩大范围，增加品种数量，这时王星斋已由一个制扇作坊小业主，逐渐成为一个商业资本家了。

王星斋在北京开设批发庄后，其家中作坊搬到祖庙巷，由其妻陈英掌管，雇用工匠，招收学徒。雇工人数逐渐达到五六十人，已经成为一个中型的制扇工场了。

王星斋开设扇庄后，通过发料加工、预付货款、收购成品或半制成品等方式，控制了一部分中小作坊，以此来扩大生产。此外，还有很大一部分扇坯是向农村收购的。有些地方农民每在秋收后，卖出粮食买进扇坯原料，进行家庭副业生产，扇庄在春夏之交下乡收购。还有一些扇坯是向农村中的制扇作坊整批收购的。农村扇坯作坊平时零星向农民收进，或者是农闲时发点原料给妇女、小孩子加工，所给工价都很低。扇庄向农村作坊整批收进这批扇坯后，质量好的留给自己工场加工出售，质量较次的则转卖给其他同业，或转发给其他作

■20世纪40年代王星记和舒莲记扇庄西湖西泠桥边的广告

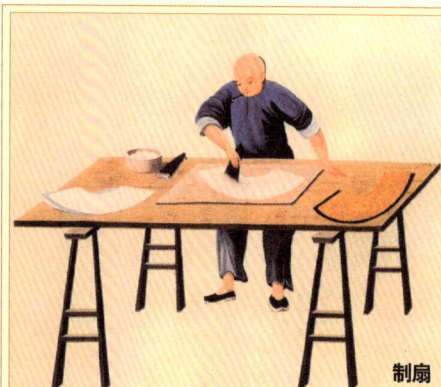
制扇

做扇骨

卖蒲扇

坊加工后，再卖给中小城市的零售商店。王星记通过这种经营方式，获利丰厚，营业蒸蒸日上，声誉渐起，与生产著名黑白花扇的张子元、舒莲记并称杭州扇业的三大名庄。

王星斋在北京开设扇庄后，由于制作的扇子独具风格，深为官场中人所欢迎，其业务逐渐有压倒舒莲记之势。舒莲记老板舒青莲为了与王星斋争夺营业，运用其雄厚资金与传统营销关系，控制杭州几个出色的作坊，以保持其名扇的垄断地位。1904年又捐银千两，买了一个道台官衔，出入官府，这样一来，官府所需要的扇子，几为舒莲记所垄断。王星斋高级花扇的销路步步下落，扇庄营业惨遭打击。王星斋感到一时无法与舒青莲竞争，乃改变经营方针，撇开高级花扇，面向一般市民，生产经久耐用、浸水而不走样的黑纸扇，在市场上逐渐打开了销路，才将营业维持下来。这种黑纸扇，以后亦成为王星记传统名扇中一个最主要的品种。

1909年，王星斋病故于北京，其时子女尚幼，扇庄业务又遭挫折，其妻陈英带了11岁的儿子王子清前往北京，料理王星斋后事及北京扇庄业务，寡妇孤儿，景况颇为凄凉。北京的荣宝斋、天津的华锦成，都是王星斋扇庄多年老顾客，陈英都

■王星记新厂区效果图

杭州老字号系列丛书

百货篇

——去拜访他们，向他们倾诉苦衷和困难，请他们帮忙。他们感到多年交易情谊，不无同情之感。他们对陈英说："以后叫你儿子来跑跑好了，我们会照应他的，你自己不必常来，在杭州继续营业好了。"陈英以后到北京跑了几次，等到儿子王子清十四五岁时，就叫他在北京继承他父亲的扇庄业务。

民国以前的杭产高级名扇，除供士大夫之人物外，主要是为宫廷贵族服务。清室被推翻，这些人物趋于没落，杭扇销路骤落。同时，日本半机械化生产的扇子倾销各地，因其成本低，式样亦灵巧，夺去大部分扇子市场。而湖南出产的白纸扇又低价销售，杭扇多因滞销而亏本。杭州扇业遂现不景气的现象，王星斋扇庄与作坊亦只能勉强维持门面。王子清一筹莫展，一度在北京东安市场开了一个王星记小绸庄，在债台高筑、困难重重的情况下，度过了一个艰苦阶段。

1927年以后，工商业市面逐渐南移，各项行业稍有起色，王子清想重整旗鼓。他一方面钻研营销国际市场的日本扇子和法国扇子的特色，改进中国扇子，以图打开外销；同时又继续发扬本庄名扇的优秀传统，适应顾客需要，期能重振内销市场。但要打开局面，必须在杭州开辟一个像样的门市部，招要在

173

■古典美女与绸扇   ■手执羽毛扇的少女   ■执孔雀羽扇的仕女

杭州设立门市部，就必须再与舒莲记发生竞争，如不能压倒舒莲记，门市业务就很难开展。这时舒莲记老板舒青莲刚死，其子孙正闹争产纠纷，且多吸食鸦片，挥霍无度，营业已在逐年减色；后又遭了一场火灾，损失五六万元；造了一穴寿坟，花了两三万元，改建店屋楼房又费去四万余元，资金日短，债务日增。王子清看到这种情况，认为这是开辟门市部与舒莲记竞争的大好机会。在亲友帮助鼓励下，即在杭州太平坊巷口舒莲记对面，租进一个四开间的门面，大事装修。1929年春天，门市部正式开张，名为王星记扇庄，以三星为商标，并申请注册。不过舒莲记扇庄虽在走下坡路，究系久霸扇坊的老店，名势犹存，王星记欲与之竞争，是杭州人俗话所说的的"饭店门前摆粥摊"，王子清为了扩张声势，除大事装潢门面外，不惜花费大事宣传，在报刊、日历或电影院里，以及主要公共场所，均大做广告。备足各种传统名扇品种花色，陈列于玻璃橱窗里，入夜，耀眼的霓虹灯光彩夺目，使行人为之止步。对上门顾客，多方迁就，殷勤招待。而舒莲记自恃牌子老、摊子大，不事宣传装潢，石库门内暮气沉沉，对上门顾客，仍是老气横秋。于是往日之趋于舒莲记者，今则掉头转向王星记，批发门市就逐渐被王星记拉过来了。王子清对自己的企业前途

■杭州西湖小瀛洲执羽扇的倩女

也就更有了信心。

民国美女执扇月份牌，西湖美景配执扇西子美女，是七八十年前的时尚。

1929年，杭州举行西湖博览会，王子清认为这是进一步打开内外销业务的大好机会。于是挑选各档精制名扇，参加博览会陈列竞赛，并获得一等奖状，虽然名次不如舒莲记，但广为编印王星记名扇品种价目专册，大事宣传；雇用外语翻译，招待外国来宾顾客，上门参观选购。博览会开会期间，王星记的扇子被购买一空，还接到国外两年订货，外销业务亦因此打开。又以开介绍提佣的办法招揽顾客，如开汽车的、拉黄包车的人，以及旅馆服务者介绍来的生意，均给予成交数额5%－10%的佣金。又联络书画名家，寄售书画。一时生意兴隆，冠于同俦。这样，在博览会中王星记又战胜了舒莲记。王星记终于成了杭州扇业名庄。

杭州老字号系列丛书

百货篇

　　抗日战争爆发，杭州扇业老店如张子元、舒莲记均相继倒闭歇业。王星记勉力将制扇工场迁到绍兴银水桥，嗣又迁至绍兴柯桥，再将门市部迁到上海，在南京路大新公司对面租了一个门面。但因战争关系，出口停顿，内销阻滞，虽撑持开业，亏损颇巨。王子清为了打开局面，积极调查研究上海各阶层用扇情况。他看到妇女们所用的扇子花色品种都很单调，于是设计制造各种花色扇。选料制作特别考究，且薄利多销。又经销其他各地所产名扇，以增加本庄的花色品种，因此业务又逐渐好转。在资金方面，除向银行钱庄调用外，还以较高利息吸收避难上海亲友的游资及富户的存款，克服了资金周转的困难，度过了战时的风险。在抗战后期，日本扇子进口已少，檀香扇又为香港畅销的品种，这本是王星记扇庄进一步发展的大好机会。但王子清为了追逐暴利，热衷于垄断居奇，投机冒险。檀香是进口货，王子清即将所制的檀香扇运销香港，调换檀香，每把扇子可调换檀香一斤。换来的檀香，不仅供作本庄制扇原料，还转卖给烟厂及其他有关行业，获利很厚。抗战结束后，通货膨胀，币值狂跌，一些投机商人、官僚资本家，竟相抢购实物和黄金，上海檀香行情也跟着

■左 "西子名胜甲天下，本庄扇子震环宇"的王星记扇庄广告
■中 三星商标的杭州王星记扇庄广告
■右 1936年，杭州王星记扇庄发票，上有三星商标

176

金子走。王子清除用扇子换回檀香外，还调用大量资金在香港购进檀香。上海王星记囤积的檀香，比大的檀香行还要多。王星记还进行布匹、棉纱等其他投机生意，扇庄业务已被置于次要地位。王子清因暴利致富，索性将全部资产移往香港，上海及杭州扇庄只留下一个躯壳，交其子王雄飞维持残局。到解放时，负有盛誉的杭扇名庄王星记，只剩下职工5人。解放后，王星记这一杭扇名庄获得了新生，不仅在国内拥有广大市场，而且成为出色的外销手工艺品。

王星记扇庄著名的中国工艺美术师朱念慈先生，书画均绝，以真金粉书写在黑纸扇上暇迩著名。1982年首创真金微楷《唐诗万字扇》，在美国世博会引起轰动。1983年又创《唐人绝句千首扇》震惊香港，新华社就此两次专电，朱念慈是新时代杭州老字号的骄傲。

王星记的名扇，可说是历代制扇艺人的精心杰作，继承了杭扇的优秀传统的。它选料认真，镂制精细，在品种、质量上不断发展。王星记发料加工，总是挑选手艺高超的扇匠作坊；收购成品，规格尤严；而且品种繁多，美观实用，深得人们喜爱。王星记主要名扇有：

羽扇 扇字从"羽"，表明早期出现的扇子多系羽毛制成，历代相传，在品种形式上都有改进和发

■上 专造内销出口扇子的王星记扇子广告
■中 王星记扇子"七十余年荣誉历史，世界各国一致爱戴"广告
■下 王星记扇子广告，下面店址为英文

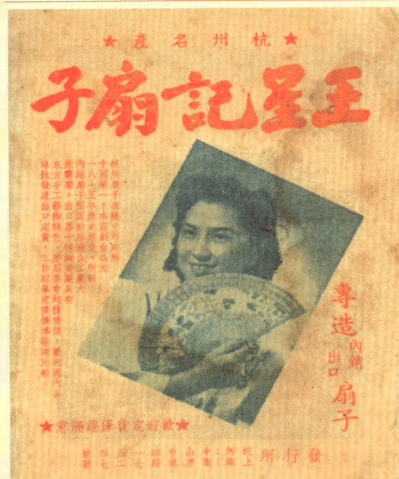

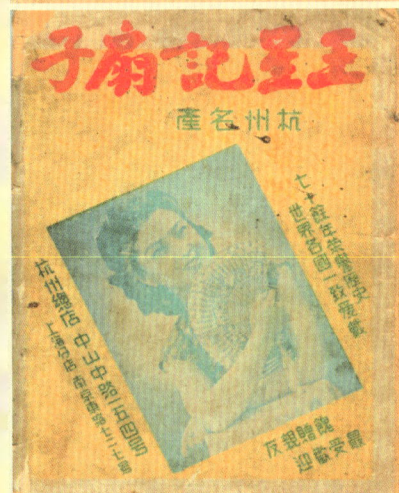

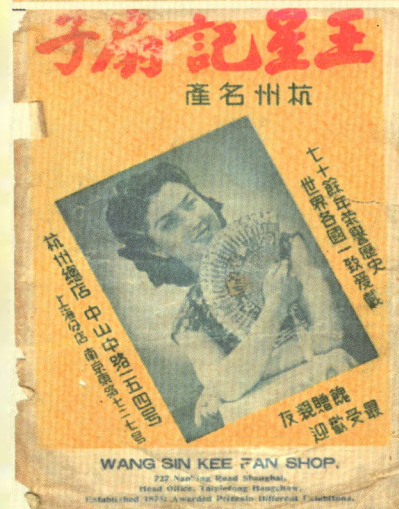

177

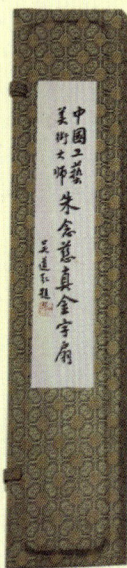

■王星记扇厂出品中国工艺美术大师朱念慈真金字扇

展。王星记所制羽扇，大部分是由浙江湖州所产白鹅毛制成。此种鹅毛质柔绒软，毛泽光洁，制成羽扇，轻灵舒适。羽扇中央往往还缀上一朵富有民间艺术色彩的绸花，扇柄上有时还刻上花纹，装上流苏，既美观又实用，行销颇广。

绢扇　又称团扇。陆放翁诗云："吴中近事君知否？团扇家家画放翁。"说明宋时团扇已是苏杭地区具有历史传统的名扇。绢扇亦即纨扇。班婕妤《怨歌行》云："新制齐纨素，皎洁如霜雪。裁成合欢扇，团团似明月。"故又称合欢扇。历代著名扇画多以这种扇保存下来，宋朝的扇画由于徽宗的提倡，更是盛极一时。明代名画家仇十洲、唐伯虎、文徵明、李流芳等，也留下不少扇画珍品。王星记的绢扇，在一部分产品中继承了这种传统。

戏剧扇　扇子与舞台艺术关系密切，传统剧目中以扇子为题材者很多（如《桃花扇》、《沉香扇》），而扇子之成为舞台道具，亦由来已久。不论生、旦、净、丑，都要练习扇子功。其所用扇子的色调、式样与造型，都必须与舞台角色形象相吻合。王星记生产的戏剧用扇子，也是遐迩驰名。著名京剧表演艺术家梅兰芳演出《贵妃醉酒》所用的扇子，就是杭州王星记精工特制的。

白纸扇　白纸扇也是王星记生产折扇中的著名品种，它对扇面扇骨选料要求

■左 1946年杭州舒莲记扇庄发票，上有"荷花商标"
■中 浙江金隆记扇庄广告
■右 清光绪丁未年（1907）杭城清河坊下首木瓜弄大兴生苏杭雅扇抄庄发票

■左 1929年商务印书馆《西湖游览指南》中的杭州仁鑫翔扇庄广告，此扇庄昙花一现，后未见
■中 启文丝织风景厂广告，该厂也生产檀香绢扇
■右 1954年上海振兴扇庄发票

都极高。扇面用宣纸、绵纸或丝绢裱制而成；扇骨用檀香、象牙、兽骨、湘妃、梅鹿、乌木、鸡丝、棕竹等材料制成；扇骨上加工雕刻，嵌银丝、烫花和拉花珊瑚漆；扇面上用真金、泥金、洒金、瓷青、发面、刷花、印花等艺术加工。绮丽多彩，风格优美。扇画传统在折扇中也得到发扬，常请海内书画名家绘画扇面。杭州著名书画家潘天寿、吴茀之、阮性山、诸乐三、张宗祥、沙孟海诸先生，解放后还常为王星记扇子题字作画。

黑纸扇 三星商标黑纸扇是王星记传统老牌产品，称为杭扇中的一绝（另两

179

绝是白纸扇及高级花扇）。王星记的黑纸扇，选用浙江安吉等地出产的竹筋细匀毛竹做扇骨，用於潜、昌化等地出产的质地细韧的桃花纸做扇面，再用诸暨高山柿漆来涂抹。在制作中，根根竹骨都要磨得很薄，长短厚薄配色都要均匀。涂抹扇面的柿漆，要用力搅拌，搅棍提至2尺高漆液下垂成丝而不断，颜色黑而透亮，方才合用。这种扇子从选料到成品，要经过86道工序。一把合格的黑纸扇，要具备雨淋不透、日晒不翘、经久耐用的特点，既可用以扇风取凉，又可用以避雨遮阳，故有"一把扇子半把伞"之誉，深受欢迎，销售极广。

檀香扇　王星记出产的檀香扇不仅式样美观，而且香气不退。使用几年以后，摇起来依然清香四溢，誉为"扇在香存"。若将檀香扇藏在衣箱里，可以防蛀，极受顾客欢迎。

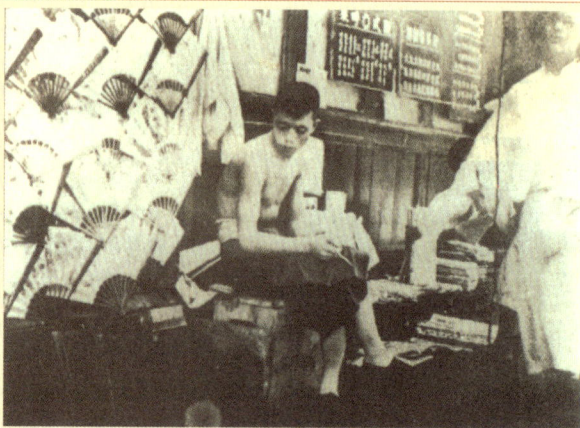

■上　扇摊（20世纪30年代）
■中　2005年，杭州西湖博览会第二届中国中华老字号精品博览会，观众如潮
■下　2005年中华老字号精品博览会上，王星记扇厂董事长孙亚青（左）与作者（中）合影

■杭州市手工业联合会扇子业工会证章　　■1953年绍兴县珠岩乡制扇业工会成立纪念章

■王星记扇庄广告（20世纪80年代）

■在2006年3月，王星记扇业有限公司被文化部首批认定为国家非物质文化遗产单位。
■2006年12月，在北京饭店由国家商务部再次重新认定王星记扇业有限公司为首批"中华老字号"，证书编号：11019。

181

○创建于民国十一年（1922）○

实业救国的都锦生

□文/图　都锦生实业有限公司

杭州老字号系列丛书

百货篇

公元1926年秋，在美国的费城国际博览会预展大厅，中国的一幅唐伯虎古画织锦《宫妃夜游图》独领风骚。画中人物栩栩如生，长袖带风，飘然若仙；画中景色宛若天然，疑是仙境。驻足在这幅古画前的人们都惊呆了：这真是东方文明的奇妙珍品啊！众望所归，这幅古画织锦获得了国际盛会的优异奖章。从此，人们记住了一个响亮的名字：都锦生！由他创办的都锦生丝织厂日渐深入人心，并在人们心中萌生出织锦一般瑰丽的情愫，千丝万缕，缕缕入梦。

历史总把一些事物覆盖上尘埃，然后，在茫茫的历史长河之中，任凭人们对其慢慢地淡忘。但总有一些东西，会因其独特的魅力而留存至今。

杭州都锦生丝织厂就像一棵生长于石缝之中的树，任凭风吹雨打，却昂然屹立。她不是梦，亦不是流星。一晃八十多年过去了，如今的都锦生丝织厂依然坐落在秀丽的西子湖畔。这个成就，是举世瞩目的。周恩来总理曾多次视察此厂并语重心长地说："织锦是中国的民间艺术，要保留下去，要后继有人。"嘱托寄予厚望，都锦生人感到任重而道远。他们懂得，丝织工艺品既是中国传统文化的珍品，也是世界民间艺术的瑰宝。

■获奖作品——都锦生织锦
唐伯虎古画《宫妃夜游图》

183

■都锦生丝织厂贵宾楼（现已经拆除），这里曾接待了周恩来总理等几代的党和国家领导人，也接待了很多友好国家的元首、政府首脑和各界友好人士。

■都锦生故居，位于西湖区下茅家埠19号，此为拆除重建前的景象。

1922年5月，都锦生创办这家厂时，仅是一个家庭作坊，经过八十余年的沧桑变迁，旧貌换新颜，现已发展成中国最大的丝织工艺品生产出口企业之一。

创始人——都锦生

都锦生出生于光绪二十四年（1898）正月二十二日，老家在西湖边茅家埠。历史记载着他的生平：都公，讳锦生，字鲁滨，世居杭州茅家埠，幼承庭训，敦品厉行，毕业于浙江公立工业专门学校，首创丝织风景，锐意研究，誉满环球。

都锦生出生于富裕人家，生性聪明，虽贪玩出奇，然而他在私塾、学堂里对经纬之类诵读如流，于1914年考上浙江大学的前身——浙江甲种工业学校，读的是机织科。毕业后的都锦生，分配在乙种工业学校任纹制工场管理员兼图案画老师。同时，他还应聘于杭州奎元巷女子职业学校任图画老师。都锦生从甲种学校学到的理论知识，不断地在乙种学校进行反复实践，这对于他今后所取得的成就有着举足轻重的作用。

都锦生自幼生活在美丽的西子湖边，喜欢游山玩水，常被旖旎的湖光山色所陶醉。湖上之泛舟，湖畔之垂钓，林间之狩猎，一幅幅图景如镌似刻，使他留连难忘。一个奇特的梦想在他胸中升起：把这些风景织进丝织品中！他曾对妻子宋剑虹说："我已经全面掌握了从设计到织造的工艺，这几天正在织一幅美国总统威尔逊的像。可作为一个生长在西湖边的中国人，却无法像织绸缎一样将著名的西湖织成一幅幅风景。堂堂中国，竟真的无人把大好河山织成锦绣？"

然而，万事开头难。这一设想无方可仿，无法可效，主要得靠自己摸索。都锦生当年在机织科学的是绸缎设计意匠图，而自然风景毕竟与绸缎大不相同。绸缎是用图案花纹表达，而自然风景，尤其是湖面的波光、天空的云彩、山色的层次等则很难用图案花纹来表达。风景的织法与人像差不多，但织风景这个课题为前人未想之事。都锦生胆大心细，举一反三，经过半年的苦战

杭州老字号系列丛书

百货篇

与实践，终于织成我国第一幅丝织风景。这是一幅宽5英寸、长7英寸的杭州名胜"九溪十八涧"，山道弯弯，溪水潺潺，高山白云，无不跃然于经纬之间。

这一次的成功，增强了都锦生创业的信心。他购进了一台手拉机，请来第一位拉机师傅林传莲，自己也辞了职，下海经商。在其叔父宋锡九的资助下，1922年5月15日，都锦生创办了"都锦生丝织厂"。起初，都锦生所加工的产品只在家门口出售，在门口摆放样品，以吸引顾客。因当时从城里去灵隐、天竺的香客和游人，一般都不愿走旱路，而是从湖滨坐船到茅家埠，然后坐轿子或步行前往。都锦生家就在船埠边上，上岸一抬头即可看到这块牌子，因此从未看过丝织风景画的游人们都会好奇地伫足、观看，赞赏不绝，且购之以作纪念。

为了进一步打开销路，都锦生在中山公园租亭设摊出售。1924年又在当地颇

■1926年都锦生织锦唐伯虎古画《宫妃夜游图》在美国费城国际博览会上的获奖证书一直保留至今。

■都锦生先生参加1929年届西湖国际博览会时在博览会馆前和社会各界人士的合影。

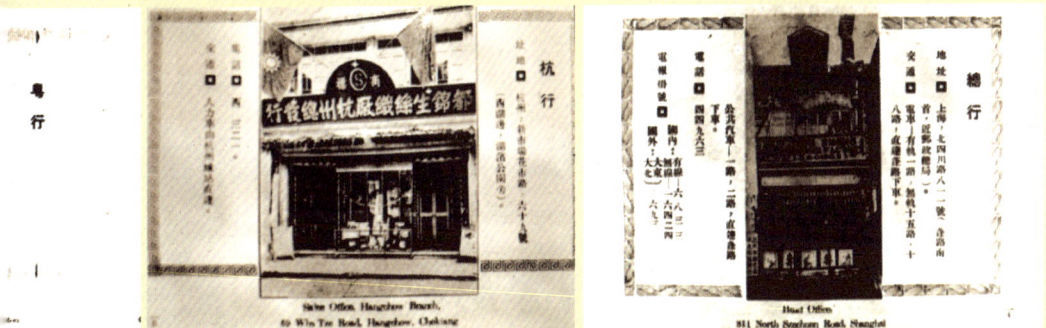

■都锦生丝织厂当时在广州、杭州、上海开设的商号。左：粤行（1925年，广州永溪北路），中：杭行（1924年，杭州新市场花市路），右：总行（1925年，上海北四川路）。

为热闹的花市街（今邮电局所在地）开设营业所。1925年，都锦生在上海开设营业所，以批发为主。上海营业所的开设，打开了产品的销路，也为都锦生丝织厂的产品立足国内市场奠定了基础，为跨入国际市场架设了一块跳板。这一年，都锦生丝织厂柳暗花明，营业开始好转，生产正常，偿还了债务。那幅《宫妃夜游图》就是在1926年获得美国费城国际博览会金奖的。

1927年到1930年是都锦生丝织厂的兴旺时期，也是都锦生一生中最为称心得意之时。无论是生产规模、技术力量、花色品种，还是销售方面，都达到了该厂解放前的最高峰。

1927年，都锦生丝织厂从茅家埠搬迁到艮山门。当时的艮山门是杭州水陆

■中国第一把织锦晴雨两用伞，该伞原为都夫人珍藏，1995年由都锦生先生之女都横云女士无偿捐赠，现收藏于都锦生丝绸博物馆。

交通的枢纽，又是丝绸业云集之地。这次搬迁，标志着都锦生已从小规模的作坊式的生产逐步发展成当时中等规模企业了。到1931年，其营业所已遍及杭州、上海、北平（北京）、南京、重庆、广州、香港等地，多达13处，产品远销东北、东南亚和美国。都锦生很重视外出考察，扬人之长，避己之短，兼收并蓄。如精美的丝织台毯就是受南京云锦台毯启发而制成的，西湖风景竹绸伞是他去日本考察的成果。都锦生精于摄影，外出时摄取大量名胜古迹，许多丝织风景画就源于他的摄影作品。除已有的产品以外，都锦生还制作日用装饰

杭州老字号系列丛书

百货篇

■1929年前都锦生丝织厂"曲院风荷"丝织画，当时还没有注册商标

品，如领带缎、内衣布、织锦旗袍料、织锦领带、织锦提袋、翻领衫、竹骨阳伞、名贵华丽的绸面钢骨遮阳伞、檀香扇等，花色品种用繁花似锦来形容亦不为过。

都锦生到日本考察之后，又到菲律宾去了解行情。由于都锦生丝织厂在东南亚久享盛誉，他受到菲律宾国王和王后的接见，这在当时算是很高的礼遇了。他在菲律宾的经历，在民间有这样的传说：都锦生带了一大包"丝织风景"、"丝织国画"，从上海坐轮船，漂洋过海，到了南洋菲律宾，见到异国

■都锦生丝织厂"西湖双峰插云"丝织画

■1929年在西湖博览会上出售的都锦生丝织画"空谷传声"

风光，格外新鲜。菲律宾的商务大臣邀他商谈丝织业务，都锦生向那位大臣了解菲律宾的丝织工艺品状况。都锦生到了菲律宾，这个消息被王后知道了，她立即要国王接见都锦生。在菲律宾灯火辉煌的王宫里，国王和王后接见了都锦生。都锦生把他带去的一大包丝织品，如《平湖秋月》、《三潭映月》、《柳浪闻莺》，以及五彩国画《宫妃夜游图》、《蜻蜓荷叶》，还有丝织《孙中山先生》和《罗斯福》肖像一一展现在国王和王后的面前。国王和王后见了赞叹不已，想不到东方尚有如此高超的纺织技艺。

都锦生在菲律宾住了三四个月，尽管一份订货合同也没得到，但他自称是"满载而归"的。一回来，他就要办一所都锦生职工义校。原来，他在马尼拉期间，得知爱国侨领陈嘉庚热心办学培养人才，使他认定只有培养出第一流的设计织造工人，中国的丝绸业方能跻身于世界先进之林。他忘不了自己的学生时代，日本老师在教室里公然说的那番话："今天，诸位看到丝绸工业在贵国这般落后。贵国机业发达，必吾国诱导。贵国只能出低廉普通下品，日本才出优等高档之物，若日本之提携，占领市场，则黄色人种所制白色绢丝之织物，必压倒白色人种所制黄色绢丝之织物。"这番话对都锦生来说简直是不堪忍受的民族耻辱。他要雪耻！

拳拳爱国心

1937年，日本帝国主义发动了大规模侵略中国的战争。日寇的铁蹄践踏了中国的大片土地。民族工业遭到严重摧残，都锦生丝织厂也受到了开业以来最大的威胁。日政府要他出来任职，为日本人效力，他坚决不干，说："宁可头落地，也不做汉奸。"

因此都锦生决定到上海租界发展。他向友人借了一笔钱，在沪西区租了三亩地，建立起一栋简陋的厂房。工厂虽然开工了，但因当时市场混乱，物价飞涨，物品滞销，整个工厂举步维艰。1939年，都锦生丝织厂的一个最大的车间

■20世纪20年代末,杭州都锦生丝织厂的《美术样本》,左下方是其1929年西湖博览会期间注册的商标。

被焚,全部机械设备及电力机、全部佛像雕版被焚毁。1941年太平洋战争爆发后,上海租界也被日本占领,都锦生丝织厂在上海的生产已无法维持,加上重庆、广州等地的门市部亦先后被日机炸毁。于是,都锦生解雇了所有的工人,关闭了工厂。

眼看着自己一生的心血付诸东流,都锦生悲愤交集,终日处于忧虑之中。1943年3月,都锦生突发脑溢血,经抢救无效,于同年5月26日在上海去世,享年46岁。

都锦生之后的艰难岁月

都锦生逝世之时,子女均尚年幼,无法继承父亲的遗志,更无法实现父亲的理想。都夫人宋剑虹迫于家庭生活负担,想把关闭的工厂重新开起来,于是

■1954年4月，都锦生丝织厂成为杭州市人民政府第一批正式公私合营单位，这是当年工人上街游行庆祝的场面。

就请其弟弟宋永基接管该厂。

宋永基1933年毕业于宁波高级商科职业学校，同年7月在都锦生丝织厂任稽核部主任。1940年又在上海大厦大学商学院会计系学习，至其姐夫都锦生去逝，才终止学业，管理工厂。1944年，战争趋于缓和，各地丝织的批发比以前都有所增加。宋永基为了紧缩开支，只开设杭州、上海两处营业所，将原上海霞飞路（现淮海路）的营业所出售于人，又将都锦生在上海租住的三层楼房出售，家具全部拍卖，所得之钱作为都锦生家眷迁回杭州的旅途费及子女教育经费。

1945年，抗日战争胜利，但由于通货膨胀，货币贬值，一度造成市场混乱，物价上涨。这给一些想恢复工厂生产的民族资本家又带来了威胁。都锦生丝织厂也只能勉强维持，靠借贷度日。

历经磨难 再创辉煌

1949年，杭州解放后，都锦生迎来一个全新的发展时期。据现存档案资料记载，当时都锦生丝织厂的生产规模如下：

厂址：杭州艮山门火车站旁。

营业所：上海、杭州各设一处。

职工人数：47人。

设备：手拉机34台（其中开动17台），西洋纤车20锭。

资本总额：人民币7000万元（折现人民币7000元）。

全年产值：38000万元（折现人民币38000元）

年产量：台毯143条、靠垫760只、风景或伟人像3702平方米、绸伞1333把。

漫长的岁月，苦难的历程，都锦生丝织厂经过27年的风雨飘摇，留下了破旧厂房和34台手拉机，这就是它在解放初的全部"家产"。工厂一度宣告停产，后来在党和政府的支持下，才出现生机。此后几年，工厂状况时好时坏，起伏不定。到了1954年4月，都锦生丝织厂作为杭州市第一批公私合营单位，被市人民政府批准正式公私合营。

1956年到1965年间，尤其是1958年的"大跃进"运动，严重影响了生产。十年浩劫时期（1966—1976），都锦生的生产更是遭到了前所未有的破坏。都锦生丝织厂在"文革"期间，工厂生产受到严重的干扰和破坏。

幸而，自1977年以来，都锦生丝织厂从实际出发，对企业的体制、工厂内部的不合理现象，都作了必要的改革，建立了正常的生产秩序。长期受林彪、"四人帮"禁锢的传统丝织工艺品，又重新获得了新生，并逐步恢复生产了具

■中国运动员庄则栋向美国运动员柯恩赠送都锦生丝织画

有民族特色和民族风格、反映民间神话的传统丝织工艺品。在开拓丝织工艺品新题材方面，作出了较大的努力，新品种、新花式的设计投产逐年增加。都锦生丝织厂是一个对外开放单位，在发展旅游产品方面有着得天独厚的优越条件。该厂根据自己生产的特点，于1980年及时调整产品方向，积极设计、生产出众多的旅游产品，以满足旅游事业的需要。在产品设计上，他们尽力做到规格多、花式新、品格高。其设计的旅游产品可分为台毯靠垫、床罩窗帘、丝织风景三大类。这些产品融实用与观赏于一体，颇受国内外客户的欢迎。

随着我国对外开放政策的贯彻和国际贸易事业的兴旺发达，并随着旅游事业的不断发展，都锦生丝织厂生产的丝织工艺品的销路也越来越好。1982年，工艺品的总销售额达1285.59万元，比历史最高水平的1962年增长163%。

2001年6月，都锦生改制为"杭州都锦生实业有限公司"，保留"杭州都锦生丝织厂"为第二厂名。都锦生织锦历经八十余年的创新发展，目前已成为中国生产规模最大、花色品种最多、工艺最复杂的名锦之一。

克林顿总统喜爱都锦生织锦

1998年，美国总统克林顿来华访问，都锦生丝织厂接受了赶制外事礼品的任务。为了增进中美两国人民的友谊，都锦生的设计人员精心创作了名为《克林顿总统和夫人》的织锦肖像画。克林顿总统收到织锦后，十分喜爱，分别两次给都锦生寄来了亲笔致谢信和有亲笔签名的合影照片。

都锦生织锦与中美乒乓外交

乒乓外交在中美关系突破过程中起过重要作用，被誉为"小球推动大球"。而邀请美国乒乓球队访华，正是毛泽东主席作出的英明决策。

1971年春，第31届世界乒乓球锦标赛在日本名古屋举行。比赛期间，中国队与美国队曾多次相遇。当中国队获得男子团体冠军之后，爽朗的美国青年笑着问："听说你们已邀请我们的朋友（指加拿大队和英国队）去你们国家访问，什么时候轮到我们啊？"中国代表团团长赵正洪答道，会有机会的。历史的机遇终于来到了。在31届世乒赛的一次比赛结束后，运动员乘车返回驻地休息，美国运动员格伦·科恩掉了队，无意中错搭上了中国乒乓球代表团的班车。当时正在车上的我国著名运动员庄则栋主动向格伦·科恩问好并赠送了一幅随身带着的杭州都锦生西湖织锦画。由于是发生在中美双方隔绝20多年背景下的两国运动员在公共场合的第一次友好交往，此事被当地各大媒体突出报道，从而引起了世界的轰动。中国队的友好态度，深深触动了美国代表团副团长哈里森，他来到中国代表团驻地，提出访华要求，代表团立即向国内报告。中美两国的"乒乓外交"从此由小小的西湖织锦拉开了序幕。

尊敬的克林顿先生：

衷心欢迎您和夫人来中国访问，值此
访问之际，我们采用中国传统的丝绸织锦
工艺，织造了您和夫人的肖像赠送给您，
希望给您留下美好的回忆。

1998年6月25日
中国 杭州
都锦生丝绸厂 敬赠

June 25, 1998
To President Clinton of the United States

Honorable Mr. President:

We want to express our heartfelt welcome to both
you and your wife on your visit to China. For this
particular occasion, we have prepared a picture of
you and your wife by using traditional Chinese
tapestry weaving technique. We hope that it will bring
you fond memories of your stay in China.

Du Jinsheng Silk Mill
Hangzhou, China

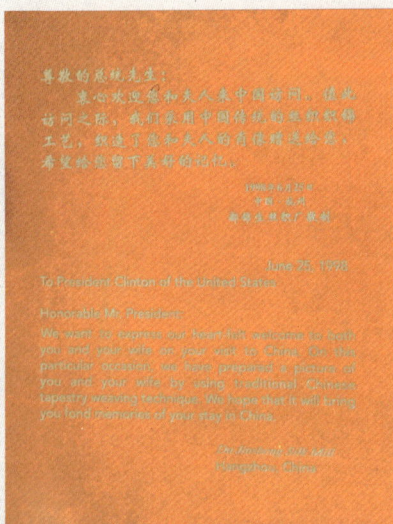

■《克林顿总统和夫人》的织锦肖像画，此图为复制品，现存于都锦生丝绸博物馆。

THE WHITE HOUSE
WASHINGTON

August 21, 1998

PERSONAL

Mr. Wang Zhonghua
General Manager
Du Jinsheng Silk Mill
215 Fengqi Road
Hangzhou 310006
PEOPLE'S REPUBLIC OF CHINA

Dear Mr. Wang:

Thank you very much for the silk brocade
portraits. We had a wonderful time during our
visit to China, and we are grateful for the
hospitality everyone showed us.

Our family appreciates your thoughtfulness,
and we send our best wishes.

Sincerely,

Bill Clinton

■现收存在都锦生丝绸博物馆的克林顿夫妇的照片和感谢信。

百货篇

198

○创建于清·道光年间（约1821）○

朱府铜艺

□文/图　朱府铜艺

中国五千年的文化源远流长，铜文化在其中也占有一席之地。高贵、坚韧是铜之魂魄，铜是一种质地坚硬的金属，当许多同期的铁制品已经锈迹斑斑，甚至被氧化而消失的时候，铜却依然保持着良好的性能和质地。铜拥有富贵、豪华、庄重、温馨的人文特质，还赢得了"人类亲善金属"的美誉。

　　古代的劳动人民运用他们的智慧和灵巧的双手创造了人类文明辉煌的青铜器时代，为后人留下了许多叹为观止的青铜艺术。在清朝道光年间，沿海省份的工商业和加工业已有相当的发展并形成一定的规模，在江南古城绍兴出现了许多能工巧匠。朱府铜艺的创始人——朱雨相先生便是其中一名出色的铜锡技师。他在绍兴石灰桥下开设了一家"义大"铜锡店，主要制作、生产各种铜锡制品，如铜碗、铜壶、汤锅、铅笔架等，这些铜制品上饰有各种精美的图案，成了当时姑娘出嫁时不可缺少的"铜家当"。据传，朱先生与当年南浔首富张静江是世交，在如今的古镇南浔小莲庄的博物馆内还收藏着一杆见证他们深厚

■打铜环

友谊的雕琢特别精致的铜杆秤。

　　到了朱府铜艺传人朱炳新的父亲朱德源这一代时，朱家已经在杭州成立了"西湖字苑"，专做铜字、铜牌和铜艺术品。朱炳新出生在这样一个铜艺世家，他聪明过人，在念初中时就表现出了对家传祖业的喜爱，在整个童年和少年时代，受到父亲有关铜雕艺术和中华传统文化的熏陶，使他领悟和感受到那种率直、浑厚、质朴的美，以及其中透露出的空灵和诗情。

　　改革开放后，朱炳新作为朱府铜艺的后代，对恢复和发展朱府铜艺有着义不容辞的责任。为了继承祖业，使朱府铜艺发扬光大，他办起了杭城最早的铜装饰店之一——杭州金星铜铜字装饰部，这就是现在"金星铜世界"的前身。

　　到了1985年，朱炳新在铜装饰上已具有一定的经验，业务也有了发展，由

于原有装饰部的规模太小了，于是率领众人搬到杭州宝石山下，开始了"金星铜"的第二个发展阶段。

为了适应市场的需求，并结合装潢业的特色，"金星铜世界"生产的产品不要求批量性，但却要求有一定的工艺性和美观性，在金属表面的处理上要求特别高，而表面不平整或者光泽保持时间短等都是铜刻品从来没有解决过的难题。初创的金星厂既没有技术人员，也没有先进设备，甚至连厂房都是租的，更不用说其他什么先进的设施了。当时的铜制产品存在着一个很大的缺点，就是容易和空气产生氧化，时间久了就会产生铜绿和铜锈，造成产品的使用年限大大缩短。而朱炳新却立志克服这个难题，他用简陋的工具实验了一遍又一遍，带领大家昼夜扑在技术革新上，终于攻克了技术难关，并打开了产品的销路，从原来只制作单一的铜字、铜牌扩展为兼做标识牌、铜装饰等。

在当时，朱炳新就有一手绝活，那就是他做的铜牌光彩照人，几年后还是和新的一样，不会被氧化。因此找他做铜牌的人络绎不绝。

有了一定的基础和技术后，1987年，朱炳新带领他的团队到深圳发展，由于特区的经济较内地发展得快，在技术方面都超过了内地，这不仅是一个业务

■未装花饰的铜胎

■半成品铜器用锉刀磨平

拓展的机会，也是提高技术、增进交流的机会。"金星铜世界"在深圳很快打开了局面，在完成深圳国贸大厦、深圳宾馆这几个著名大厦、宾馆的装饰工程之后，这家外地企业在深圳具有了很高的知名度。同年5月4日，《深圳日报》在头版刊登了题为"杭州金星在深圳闪闪发光"的专题新闻报道，作为优秀创业青年，朱炳新受到了深圳市委、市政府的表扬。看到自己的铜饰品得到了社会的肯定以后，朱炳新和全厂员工都以更大的热情投入到新技术的开发与应用

上。同时，他们也开始抓品质管理和售后服务。也就在这时，一个远大而现实的理想在朱炳新心中酝酿——创造一个崭新的铜艺世界。

随着铜艺饰品的日益拓展和品牌名气的增大，"金星铜世界"在国内外的名气越来越大。它承制的各类铜制品：扶手、包柱、铜礼品牌和铜雕塑不仅销往全国各地，还销往意大利、新加坡、日本等国，可以说，这时的"金星铜世界"已是一家具备相当技术和人才实力的企业，在全国装饰界的知名度也迅速提升，并为创造一个全新的"金星铜世界"打下了坚实的基础。此后，"金星铜世界"开始大展拳脚，这个传承了百年的中华老字号，成功完成了上百件铜雕、铜装饰建筑，铸就了上百个传世的经典工程，被誉为中国铜业第一家。

铜在古代象征着权利、地位和财富，"金星铜世界"把这一金属符号灵活运用到每个铜艺装饰和雕饰上，让铜焕发出光华照人的艺术魅力。"金星铜世

■象征着百年沧桑的香港回归母亲怀抱的人民大会堂香港厅铜门

■《世界人物风情图》。该作品以通俗的手法，富有民族特色的表现技巧，深受人们喜爱。

界"和它的传人历经沧桑，终于擦去暗痕，华光四射。从朱府铜艺艰苦创业的百年历程，到每一点成绩的累积，直到发扬光大，无不积聚着朱氏传人的心血，几代家传，百年积累，渊源深厚，在传世绝活的基础上，与时俱进，又不断创新，同时还获得了三十项独特专利技术和荣誉，艺臻极致。他们所设计和制造的铜装饰、铜建筑名震中华大地。在朱炳新的世界里，铜就是他的生命的全部体现，铜就是他毕生心血的硕果。他用他的心唤起了中国建筑史上铜饰艺术的又一个高潮。一项项的记录被"金星铜世界"创造了，一个从绍兴走出的"朱府铜艺"发展成当今国内首屈一指的大型铜艺企业，直到享誉海内外。作为"中国铜业第一家"的"金星铜世界"用一项项经典杰作构建起它魅力四射的天堂，融古通今，贯穿中西文化，堪称青铜力作。在朱炳新的"金星铜世界"里，到处流光异彩，散发着浓郁的铜文化气息，也凝聚了朱府铜艺的百年心血和智慧。

■2006年3月，金星铜世界装饰材料公司被文化部首批认定为国家非物质文化遗产单位。

■2006年12月，在北京饭店由商务部再次重新认定金星铜世界装饰材料公司为首批"中华老字号"，证书编号：11011。

205

○创建于清·同治三年（1865）○

信 源 金 铺

□文/图 信源首饰有限公司

杭州金银首饰业历史悠久，南宋时尤为繁荣。宋皇室南迁，带来一批宫廷首饰匠，少府监所属的文思院（在今仙林桥东）即"掌造金银、犀玉工巧之物"，有打作、银作、镀金作等，高手云集。南宋《西湖老人繁胜录》记载，杭州行市遍布，其中就有金银首饰市。又称"京都有四百十四行"，其中的打金银、揪金线当属金银首饰业。晚清咸同年间，杭城金银作坊树立品牌，备有成品，陈列出售，金银首饰市场日渐繁荣。民国初年，杭州清泰街羊坝头一带银楼林立，生意兴隆。据1937年《（1912）浙江商报·杭州市公司行号特刊》，杭州金珠铺业有信源、乾源、义源、金明源、春源、源昌成、复源、宝中祥、义成、永孚、源等数十家，还有银楼业鲁天丰、文宝等数十家，每一家金银首饰店均有行号名称、经理姓名、主营、地址、电话。

　　1865年，上海方氏来杭，在清泰街珠宝巷口开设信源银楼（金铺），投资很大，备货较多，成为当时杭城规模最大的银楼。该店以金银首饰为主，并兼营参燕业务。但由于经营不善，无法维持。因而后来由胡雪岩的外甥范越丰接办，范即整顿内部，广罗技工，一时生意鼎盛。但时日一久，质量逐渐下降，更因金银首饰品究非一般人民生活必需，业务渐渐衰退，乃于1890年被胡雪岩的侄子胡止祥继盘。胡止祥为了显示质量大有改观，大力采用民间传统工艺，以黄金十两手工打金叶96张（长三寸、宽二寸），用泥巴、盐将金叶一层一层隔开来，泄出杂质，用以确证该银楼生产的首饰品，均系赤金，不含杂质。而且在每件首饰背面除加盖牌号外，还盖上"叶金"硬印，取信于民。在重量方面，加放千分之三，使顾客感到在信源买东西不吃亏。在接待顾客方面，凡是从嘉湖等外地顾客来杭购买首饰，均招待一宿一餐，

■信源金铺老建筑

不另收费用。如若为人代买首饰，赠以千分之一的报酬。为了招徕顾客，广为宣传，在首饰包装纸上刊印："货真价实，童叟无欺，本楼开张百有余年，自炼十足条银、金叶，自制金银首饰，经营珠宝玉器，精工镶、嵌饰品，顾客售去，如发现成色不足情况，请到本楼调换，退货还样，来往费用由本楼负责。"由于老板调整了经营方式，在质量上下功夫，信源银楼信誉日增，远近咸集，经久不

■信源老店的大门

衰。其时上海姚氏也来杭在珠宝巷汇源银楼原址开设了乾源银楼。1918年，绍兴盐商鲍氏也在杭州开设了义源银楼。这三家银楼以信源牌子最老、营业最好，在杭州市民中口碑相传。

抗战以后，杭城经济萧条，杭州金银业以制兑首饰为主、银器用具及银盾礼品为辅，兼有熔制金条、金箔出售。自国民政府出台《紧急经济措施方案》后，限制金铺银楼制售，并降低饰金成色，金银首饰业疲于应付。虽经一再请愿，但国民党政府掳掠钱财，忙于打内战，未半点宽松。据1946年《浙江工商年鉴》载："杭州市金银业一览"还有信源晋记等49家。其时，信源晋记经理为吴文臣，地址在上珠宝巷1号。而1948年6月10日编选的《杭

■民国时以西湖为背景的美女画，佩戴金珠首饰仪态万方

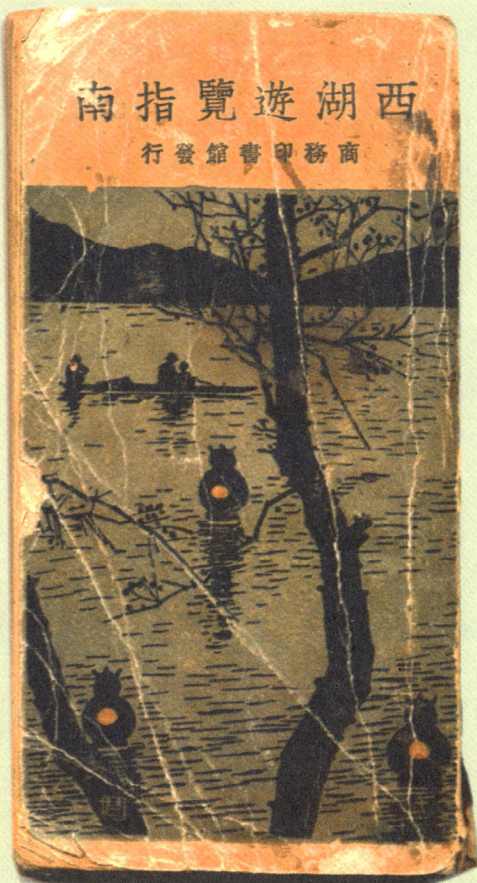

■1929年商务印书馆发行的《西湖游览指南》书影

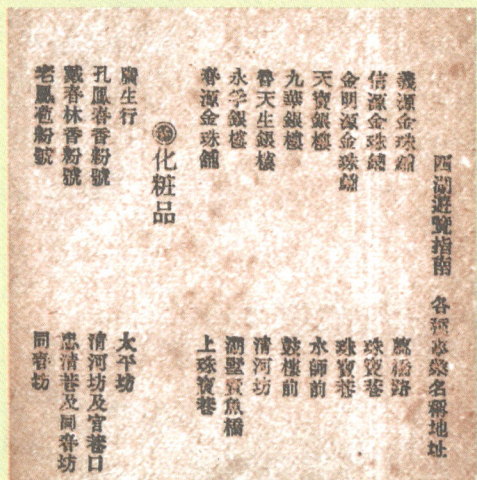

■1929年《西湖游览指南》上的信源金珠铺

州市银楼业商号清册》中，信源成为杭城最大的金银首饰商店，其全体人为胡坤、沈耕本，经理黄文灿，开设地址：清泰路446号，资本额贰亿元。据银楼经理黄文灿回忆，抗战前夕，信源有职工四十余人，工人六十余人。业务最好约时在1917年前后，每天生产首饰三百两左右，规模居杭州金银楼之首。1949年杭州解放，由于政府金银管理办法公布，信源金店就此停业。1972年，经杭州市二轻局同意，杭州金银饰品厂首批恢复生产加工金银首饰。1993年，杭州金银饰品厂"信源"商标注册成功，"信源"品牌得以恢复继承。1995年12月，经杭州市工商局批准，由杭州金银饰品厂投资成立的"杭州信源首饰店"成为独立核算企业，注册资本200万元。自此，百年老店"信源"得以发扬光大。新店在继承老店传统的同时，在产品上开拓创新，金银首饰成品款式新颖多变，传统与新潮并居，深受广大群众和消费者

■信源的香炉

■信源的金盘

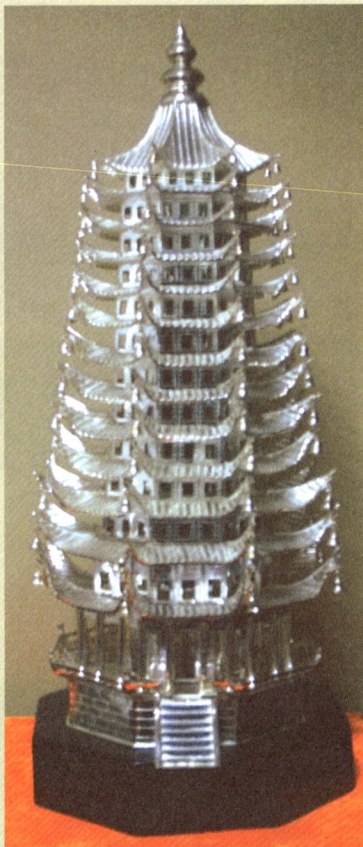

■左上　金源银罐　■左下　金源工艺品　■右　金源工艺品塔

■信源金铺打造工具

■信源金铺的传统制作工具

的喜爱，营业额逐年上升。2000年，杭州信源首饰店进行分立改制，改制后成立杭州信源首饰店有限公司，注册资本100万元，职工38人。改制后，公司想方设法改变经营环境，扩大营业面积120平方米，在新华路、建国中路相继开出了第二、三个分公司。公司本着"顾客为本、诚信至上"的经营理念，业绩逐年上升，2001－2002年实现利润总额大幅度的增长。同时，公司经营上保持传统特色，产品质量上严格把关，不断向市场推出款式众多、精致美观的新产品，颇受顾客欢迎。2004年11月8日，信源"金银摆件"被杭州市经济委员会批准认定为杭州市首批传统工艺美术品种的重点保护项目。政府对"中华老字号"的重视，使得百年信源有了新的定位，企业再次迎来了发展的春天。

■2006年12月，在北京饭店由国家商务部再次重新认定信源首饰店有限公司为首批"中华老字号"，证书编号：11030。
■2006年3月，信源首饰有限公司被文化部首批认定为国家非物质文化遗产单位。

邵芝岩笔庄（20世纪30年代）

○始创于清·道光年间（约1835）○

邵芝岩笔庄

笔、墨、纸、砚，历来是文人墨客的文房四宝。1946年《浙江工商年鉴》载，杭州有笔墨庄17家，还在三元坊成立有杭州市笔墨业同业公会，理事长是邵芝岩笔庄老板、第三代传人邵仁山。

邵芝岩笔庄又称武林邵芝岩笔庄，清道光年间（约1835）创设于杭城三元坊，精制湖笔，并善芝兰，店的门牌称粲花室。店主邵芝岩精明干练，善于经营。笔庄专事产销毛笔，制作精细，质量也佳，为杭城文人墨客所称道，因而享有盛誉。邵芝岩逝世后，笔庄传其子邵肖岩，再传其孙邵仁山，再传曾孙邵克文，直至解放。

邵芝岩笔庄的创始还有一段传说。相传清末杭州有一年轻人，一天背着竹篓花锄，来到五云山中的一个小山谷——大青里，想挖些兰蕙，换几升米奉养多病的老母亲。猛然间，一阵清风拂面，飘过一般沁人肺腑的清香，他顺香找去，荆棘划破了衣裳，刺伤了手脚，终于在一棵梅树边，找到了一枝正含香春露盛开的兰花，便轻轻地把它挖了出来。神奇的是这竟是一株并蒂的兰花，绿如翡翠，晶莹剔透，美如仙女的云裳玉带，焕发着奇光异彩。它的主叶短阔，长约五六寸，花开并蒂，多至八九瓣。花有二奇：一是仅开一对并蒂花，二是

■邵芝岩笔庄创业者邵芝岩像　　■邵芝岩长子笔庄传人邵肖岩像　　■邵芝岩第三代传人邵仁山像

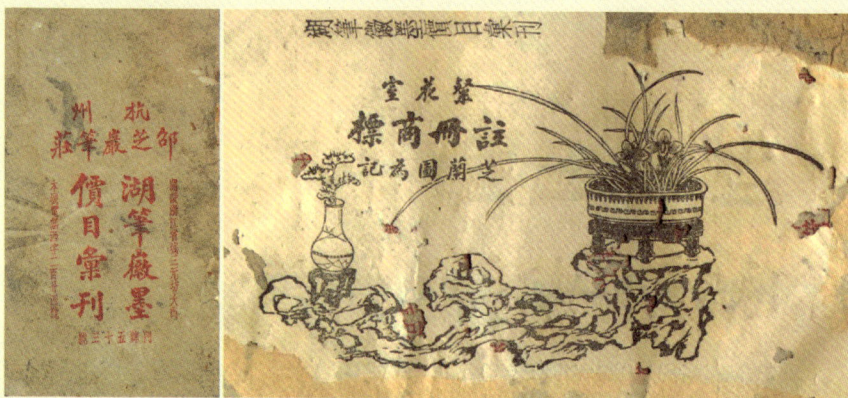

■左　杭州邵芝岩笔庄《湖笔徽墨价目汇刊》书影　　■右　邵芝岩笔庄芝兰图注册商标

叶枯后才发芽。此花后曾载入花谱，取名"绿云"。后邵芝岩以500两纹银的高价买下这株名贵兰花，陈列店堂任人观赏。赏花者纷至沓来，倾倒许多文人墨客。邵芝兰笔庄从早到晚，人来人往，门限为穿。赏花者也顺便看笔买笔，邵芝岩笔庄之名，也因之遐迩皆知，声誉大振，笔的生意越做越大。邵芝岩就用"芝兰"为商标。这个商标图左边花瓶里插"灵芝"，寓邵芝岩的"芝"字；右边一盆兰花即为"绿云"，寓意邵芝岩的毛笔名贵奇特。民国五年（1916），邵芝岩笔庄就以粲花室芝兰图注册商标。

　　邵芝岩一贯重视质量和信誉，制作毛笔以"选料必精，加工必严"闻名于世。每支毛笔，要经过选毫、梳毛、造型、结头、装套、刻字等七十多道工序，道道一丝不苟，精益求精。如对笔头的长短精细，用毛多少疏密，笔杆笔

套的尺寸规格等，都有严格的规定。因此所产的毛笔具有"尖、齐、圆、健"四大特色，被誉为"四绝"。行家曾对邵芝岩制作的毛笔进行质量鉴定：将100枝同类的笔杆、笔套分离搅乱，然后重新组合，结果任何一支笔都可和任何一个套相配，不紧不松，长短划一，目击者皆为之叹服。对毛笔存储，笔庄采用传统方法保管，每逢霉雨季节，都要数经太阳晒照，每次时间不可太长；笔套则用鸡鸭羽毛通刷干净。仓位干燥通风，货柜铺放樟脑，以防霉烂虫蛀。相传当年浙江著名书法家唐驼来笔庄定制毛笔，要求笔头垂桌面下掀，直至笔头散开，再提起笔来，笔头仍能紧裹，恢复如初。数日后，笔制成，经唐驼试用后并不满意。笔庄不厌其烦，先后花了一年多时间，重制达八次之多才合唐驼心意。后来，此笔就命名为"唐驼八次改定屏联笔"。

邵芝岩的毛笔有羊毫、狼毫、紫毫和兼毫四大类：

羊毫　按锋颖长短，分"长

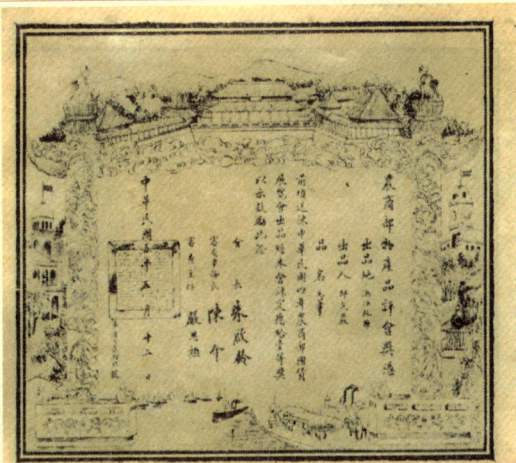

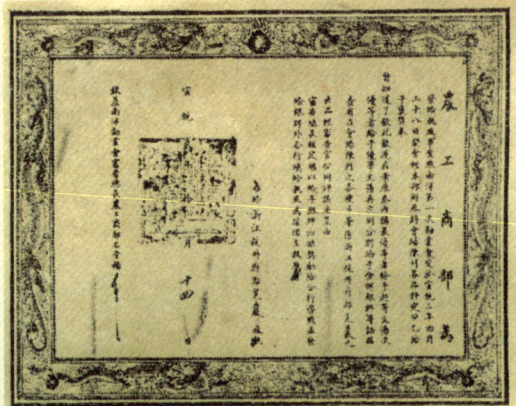

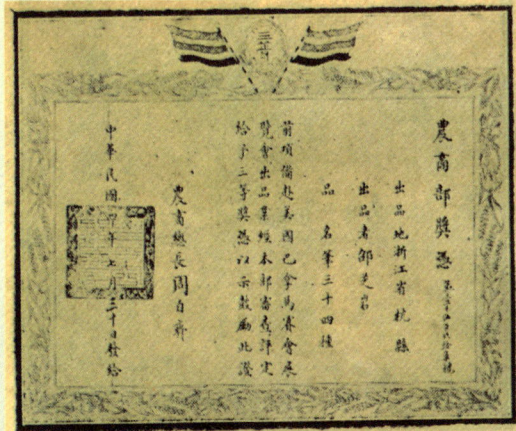

■上　1916年邵芝岩笔庄获得的农商部国货展览会奖凭
■中　宣统二年（1910）邵芝岩笔庄在南洋劝业会上获得最优奖状
■下　1915年邵芝岩笔庄在美国巴拿马赛会获得的奖凭

■左 邵芝岩笔庄在1929年西湖博览会上获得之"西湖博览会出品奖章"
■右 邵芝岩笔庄在1929年西湖博览会上获得的奖状

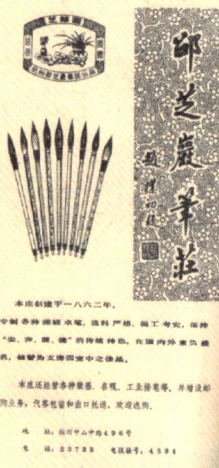

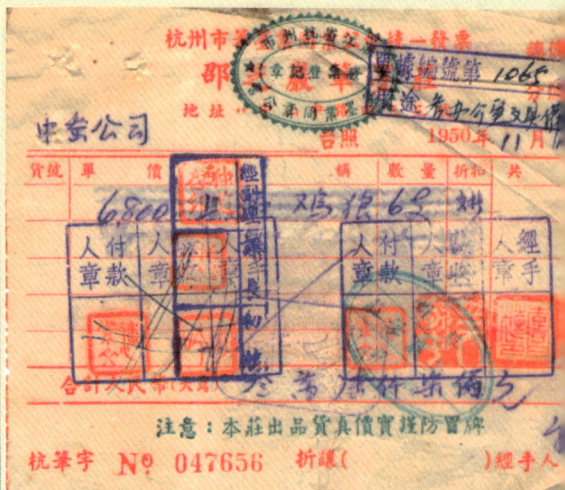

■左 1945年，邵芝岩笔庄发票　■中 1950年邵芝岩笔庄发票　■右 20世纪80年代邵芝岩笔庄广告

锋"、"中锋"和"短锋"。长锋羊毫锋颖长，锋腹软，其特色是贮墨多，书写时，可顺笔婉转，一气呵成。我国行草书讲究"贯气"，使用长锋羊毫尤为适用；中锋羊毫一般较为普及，短锋羊毫除书写外，还适用于绘画。

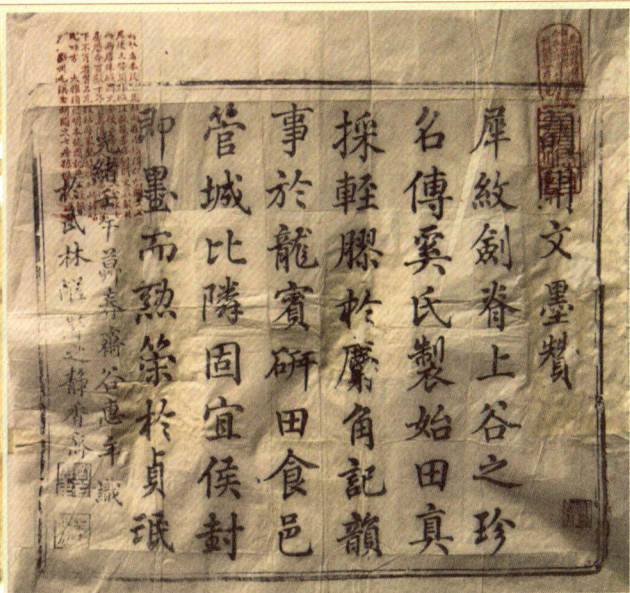

■左 徽郡农裕康仁记酒坊广告，由杭州大井山房代印，说明民国时期杭州印刷业已很发达
■右 光绪壬午年（1882）胡开文墨赞，识于武林鹾署之静香斋。武林，即杭州也。上有红色加印，追述了徽商胡开文来杭创业史

狼毫　精选黄鼠狼毛作原料，使用狼毫笔书写时，苍劲有力，又适合绘画。

紫毫　是选用山兔脊背上一小撮弹性最好、最硬的毛制成，是毛笔中锋颖最紧硬的一种。它与羊毫的性能恰恰相反，锋颖坚挺，书写时圆润自如。

兼毫　是各种混合毛制成的笔，通常用山兔和山羊毛配制而成。因原料软硬皆有，书写时刚柔相济，另有一番妙处。

邵芝岩笔庄生产的"特制玉兰芯"、"福禄寿喜庆"、"极品冬紫毫"、"北狼毫"以及"兰竹"、"山水"等名笔，均为毛笔之上品。邵芝岩笔庄的芝兰图毛笔盛名历久不衰，蜚声海外。

邵芝岩笔庄是杭州笔墨业老字号的骄傲，自创业以来，曾先后参加中外12次赛会，连连获奖：如清宣统二年（1910）南洋劝业会获金奖；1916年农商部国货展览会获一等奖；1929年杭州西湖博览会获特等奖；1983年起，历年被商业部定为全国六大名牌毛笔之一；1987年芝兰图毛笔又获得了商办工业"玉兔奖"，并在日本和东南亚各国拓展了市场。

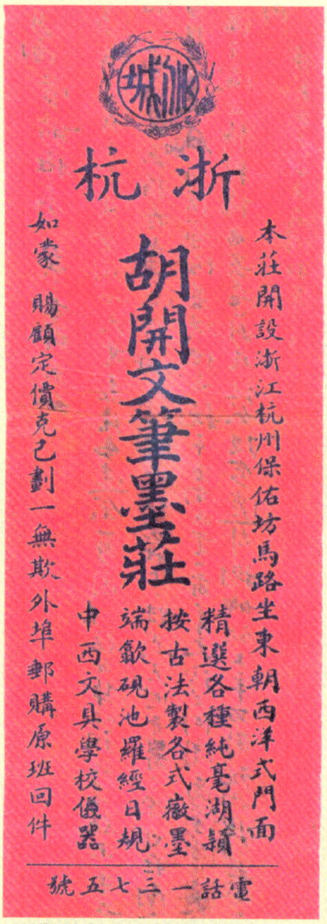

本莊開設浙江杭州保佑坊馬路坐東朝西洋式門面

浙杭
胡開文筆墨莊

精選各種純毫湖穎
按古法製各式徽墨
端歙硯池羅經日規
中西文具學校儀器

如蒙賜顧定價克己劃一無欺外埠郵購原班回件

電話一三七五號

■浙杭胡开文笔墨庄广告

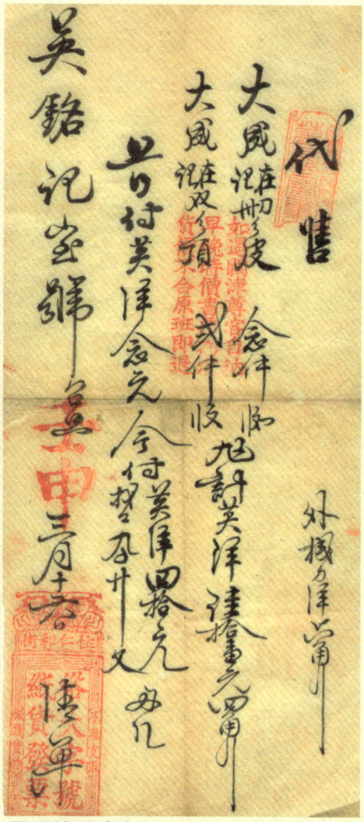

■同治壬申年（1872）住仁和街裕大字号纸货发票

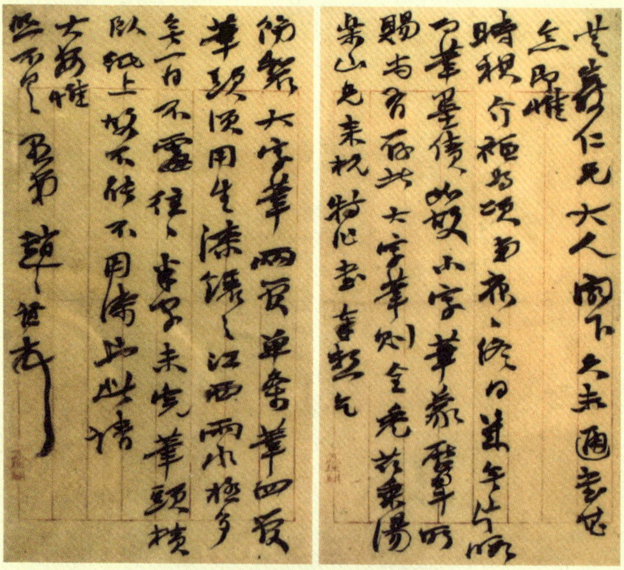

■赵之谦写给邵芝岩的亲笔信

220

■1951年，上海老胡开文笔墨文具支店发票

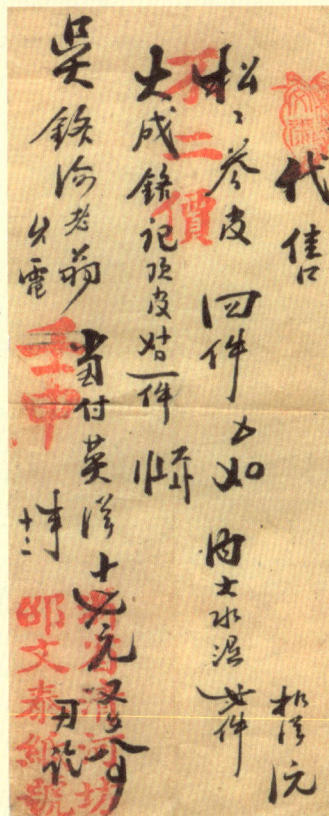

■浙省清河坊邵文泰纸号发票　　　■严州（建德）南门大街启泰栈广告

■2006年12月，在北京饭店由国家商务部再次重新认定邵芝岩笔庄为首批"中华老字号"，
证书编号：11027。
■2006年3月，杭州邵芝岩笔庄被文化部首批认定为国家非物质文化遗产单位。

221

HANGZHOU 百货篇 BUSINESS

杭州老字号系列丛书

百货篇

钟表眼镜篇

肆

○始创于清·同治三年（1864）○

亨达利钟表店

　　1946年的《浙江工商年鉴》载，杭州共有钟表、眼镜店86家，钟表业除经销各种钟表，以修理为中心业务外，亦有兼售眼镜者。而眼镜店则不售钟表，以修配零件为副业。钟表店规模大的有亨达利、亨得利、国泰、华胜、惠林登等，而眼镜店则有毛源昌、石君卿等。杭州钟表眼镜业同业公会设于清泰路，理事长是国泰眼镜店老板钱志贤。

■左 杭州西湖边的大时钟（20世纪40年代）　　■右 杭州西湖延龄大马路美华钟表公司广告

亨达利和亨得利，仅一字之差，却是杭城两家钟表老字号。我国钟表行业创办最早、牌子最老的一家，要算亨达利。其总店开设在上海，全国各大城市都设立分店，杭州亨达利钟表店系分店之一。

上海亨达利钟表店创办于清同治三年（1864），位于三洋泾桥北堍（今延安东路江西路口）。最早创办者是法国人，专营瑞士表、德国钟。由于经营不善，将店盘给德商礼和洋行，招牌为"霍泼·勃拉什"，负责人为白度。此人善于经商，聘请了能讲英语的虞香山为代理人（旧称买办）。虞颇具才能，悉心整顿店务，取了个象征吉利的中国式店名——"亨达利"。当时亨达利经营范围很广，除钟表外，还有首饰、钻戒、宝石、银质餐具、家具、洋酒、餐头食品等，兼营代客户向欧美定货业务，营业很有起色。慈禧太后所用的西式玻璃梳妆台及各种着衣镜，就是通过亨达利向德国定购的。

第一次世界大战爆发后，德商回国，委托虞香山经营亨达利。后由孙梅堂掌管。孙梅堂籍贯宁波北渡，出身于钟表世家，毕业于上海圣约翰大学，年轻有为。孙梅堂的父亲名延源，字高雷，清光绪二年（1876）在宁波东门街百岁

■1924年，杭州茂德利钟表保证书

坊开设鸿仪斋钟表店，清光绪二十八年（1902）到上海棋盘街马路口开设美华利钟表店。清光绪三十一年（1905）在宁波开办了制钟工厂，罗致一些能工巧匠，首创国产时钟，以插屏钟（俗称屏风钟）为主，又造门楼大钟等。1915年巴拿马万国博览会上，美华利就将精制的时钟运往展览，获得优等奖状及金质奖章，载誉而归，声望大增。

自亨达利归孙梅堂接办后，连同美华利在内，孙梅堂手中控制着两块著名招牌。1919年，亨达利从三洋泾桥迁移到南京路抛球场拐角四层楼大厦，楼上设立美华利总管理处，亨达利营业场所设在铺面。亨达利业务受美华利支配管理。总经理为孙梅堂，经理周亭荪，系孙梅堂得意门生。与此同时，孙梅堂还投资宁绍轮船公司、宁波保险公司、恒裕丰地产公司、嘉兴民丰造纸厂、杭州华丰造纸厂、明星电影制片公司、大陆饭店，成为上海工商界名人之一。

上海美华利总管理处为在杭州设立分店，选中城站旅馆（即红楼，现已拆除）底层朝西南向的转角铺面。当时城站旅馆是城站地区最雄伟的建筑。五层洋式楼房，屋顶开设"楼外楼"游艺场，并放映电影，还有电梯设备（这是杭

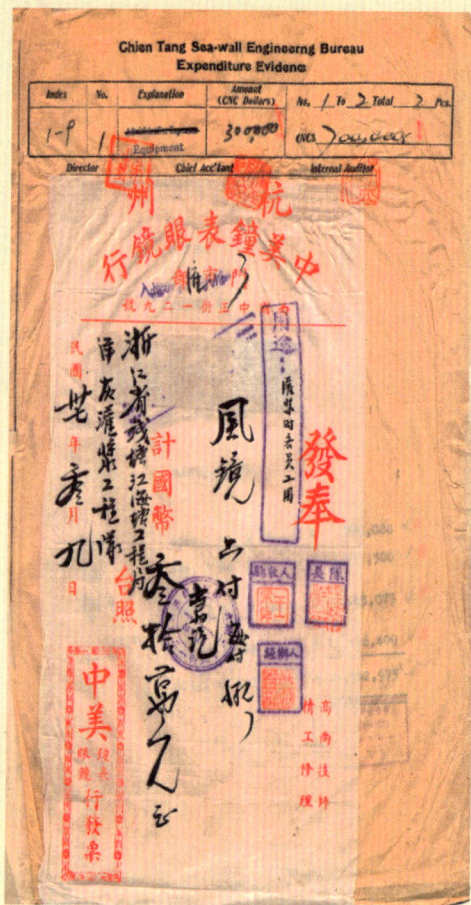

■1948年，杭州中美钟表眼镜行发票

州最早的一架电梯）。

孙梅堂委派娄仙林为杭州美华利经理，负责筹备美华利开张事宜。1914年，美华利开张营业，招牌上"美华利"写在正面，"亨达利钟表"五字用木雕大字嵌在一侧墩子上，另一侧有木雕"上海分此"四字。因亨达利售出的钟表各大城市可以联保联修，而杭州还是空白，为方便顾客，维修任务由美华利担负。美华利的设施与气派完全是上海模式。

此后，湖滨一带游乐事业集中，市面逐渐兴起，商业中心有向西转移的趋势，必经之路是清泰街（那时解放路尚未开拓）。

于是1920年上海总管理处又在清泰街开设惠林登钟表店，仍由娄仙林为正经理，两店兼管。

1929年，在中山中路羊坝头凤凰寺隔壁创办杭州亨达利钟表店。自建三层楼洋式门面，与天津、南京等地的模式大致相同。总行派娄仙林为监理，费耀凤为经理。在门楼二层北侧装一特制双面大钟为记。南侧装有一只高达2.5米、阔近1米、配有跳机的霓虹灯做广告，此起彼落地变换字样，造型别致，引人注目。又利用幻灯投影，将一只挂表机芯走动的实况，从三楼直射路面，路人

见之，咸感新奇。开张之日总行派人来杭主持，贺客盈门，鞭炮齐鸣，并发售纪念品，顾客蜂拥而入。学生挂表每只0.8元，又赠表链；矾石小钟每只0.7元，双铃闹钟每只1.2元，吸引力很强。

开张后，适逢举行西湖博览会，亨达利正好利用这个机会进行宣传，做了各种广告，扎了大型钟表模型的彩灯，缀满五色小电灯，荡漾湖中；又将几百只荷花灯放入湖中，灯内放入介绍亨达利经营品种、修理特点、商品知识的宣传品。这类宣传品如盖上店号图章的，可到亨达利调换纪念品，有表、钟、化妆品、香皂等。

杭州亨达利开张一年多后，由于经营放松，管理不严，经理本人不能以身作则，名牌老店反告亏损。监理娄仙林将实际情况向总处经理汇报，上海闻讯后立即采取果断措施：缩短战线，整顿人事，集中力量，搞好重点，撤销费耀风经理职务，另派朱远香接替。但仍然换汤不换药，经营并不理想。

一年后，总处周经理突然来杭察访，见店中陈列不伦不类，商品凌乱，尘埃满柜，在修理车间巡视一周后，即返上海。不久即免去朱远香经理职务，命娄仙林兼亨达利经理，总处再派人来襄助。

娄接事后，对人事进行调整安排，订立营业员工作守则。娄本人带头执行，在服务上做到"商品货真价实，修理质量第一，处处为客着想，路远送货到家"。勤则奖，怠则罚，各自遵守。营业部门售新钟新表，预先校对，负责保用；修理部人员尽力，为营业部出售的钟表做好后勤，为顾客解决困难，两个部门相互支援。娄自己担任修表的检验工作。质量好，返修少有奖，否则要罚。经过修理的表，要求做到"起步灵、油丝平、摆盘稳、声音清"。通过一年来的整顿协作，店容店貌一变，精神振作，顾客时有好评，营业不断上升，扭亏为盈，从此步入佳境。

孙梅堂除经营钟表行业外，又热衷于经营地产，将极大部分的事业作价抵

■1952年，杭州亨达利钟表眼镜行发票

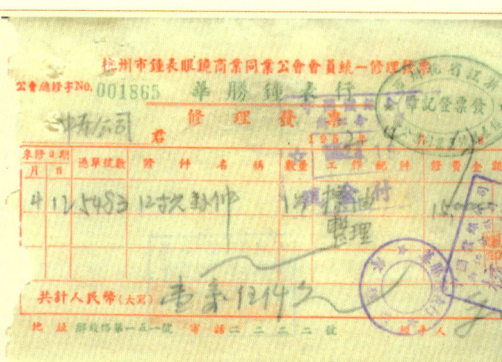

■1952年华盛钟表行修理发票

■1958年杭州解放街华胜钟表店保修书

押，全部压注在上海闸北的地产上。不料，1932年日本挑起"一·二八"事变，闸北一带遭日机疯狂轰炸，损失惨重。经理周亭荪受到极大打击，竟患病去世。孙梅堂难以支撑，只能将他的事业宣告清理。上海亨达利改组为股份有限公司，由毛文荣任亨达利总行经理，保存孙梅堂董事一席，美华利招牌仍由孙梅堂保留使用，亨达利与美华利就此分家，结束了两家合一的局面。

孙梅堂为了清偿债款，将各地分支店出盘。杭州的惠林登由上海太平洋钟表店盘去，娄仙林盘进亨达利，惠林登大部分人员转到亨达利，人员更趋整齐。

娄仙林系修理钟表出身，通文墨，能书算，用人唯才，不拘一格。娄委陈桐年为接修部主任。陈原是小学老师，业余爱好修理钟表技术，能阅读日文版钟表机械理论书籍，懂得理论与实践相结合的重要性。修理部第一把手汤纯洲

在修理技术上具有"软硬"功夫。他13岁在南京拜师学艺，从手工制造插屏钟开始，练就精湛的锉刀硬功夫，能靠手工锉件解决问题。所谓软功夫，就是凭修理经验观察，判断故障症结所在，每言必中，修理起来得心应手。

亨达利遵照上海总行的一套方法，货源与总行仍保持联系。店主娄仙林恐后继乏人，1933年将其子继心送往上海亨达利总店当练习生，至1937年回杭助理店务。亨得利不甘落后，1935年由太平坊迁到羊坝头北首，三层楼店屋，装潢新颖，目标对准亨达利，准备较量一番。亨得利直属上海总行，实力较强，地段优越。亨达利经常探听亨得利营业措施进销情况以及顾客反映，以此对照自身缺点，不断改进。亨得利终于不敌，一年多的鏖战，亨达利仍然领先。

1937年抗日战争爆发，亨达利积极疏散商品以防不测。一部分商品委托好友搭便船带往长沙暂存；小部分存放在万源绸庄新建住宅的地窖内，还有一些藏在羊坝头九刀庙寄放的寿材里面。杭州沦陷后，日军与盗贼到处洗劫，亨达利分散藏开的货物均遭盗劫一空，存放在后市街货房内的几十箱木钟也因受邻居失火未能幸免，损失惨重。

亨达利为保护店基生财免遭侵占，让邻居暂时在店内设旧货摊，后来逐步恢复业务，然而日伪视钟表店是一块"红烧肉"，多次对亨达利进行欺凌勒索。

1945年抗战胜利后，工商业仍然厄运当头，亨达利也不例外。

1949年新中国建立后，钟表业成立了同业公会，逐步消除隔阂，成立了联购组，亨达利也改变了过去独树一帜、高人一等的作风。从此，经营管理和服务质量达到了一个新的高度。钟表修理数量上比解放前多一倍，开始由手工锉件改为机械化操作，产品质量大大提高。

1956年实行公私合营，杭州市成立了钟表总店。1957年组织了有一定工艺水平的工人，在亨达利楼上试制钟表，这就是以后杭州表厂、钟厂的前身。

231

亨得利钟表店

旧时，大江南北、长城内外，各个重要城邑有钟表店的街市，都会看到亨得利钟表店的招牌，杭城也不例外。杭州的亨得利钟表店缘于宁波亨得利钟表总店。

　　清同治十三年（1874），宁波庄村人应启霖、王光祖、庄州泉三人集资在宁波东门街开设钟表店，取名"二妙春"。应启霖善经营，精会计；王光祖、庄州泉擅长钟表修理，三人搭配非常理想。"二妙春"以经销为主，修理为辅。以后逐步开拓销售眼镜、唱机等商品。但因资金短缺，经营平平。

　　光绪年间，"二妙春"在一次代销彩票（俗称"白鸽票"）时，售出了一个头奖，代销单位有一笔数字不小的酬劳金可得，"二妙春"因这个意外收入而发迹。不久，三人又在宁波双街（今滨江路）开起一家"亨得利"钟表店，因牌号响亮，经营有法，获利颇丰。为谋求向外发展，即在杭州设立分店，并派员长驻上海联系业务。

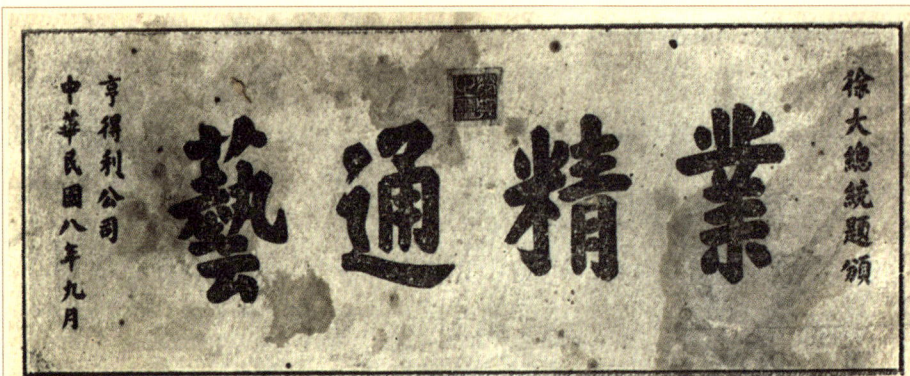

■民国八年（1919）大总统徐世昌为亨得利题字"业精通艺"

■外交部长王正廷题"战胜天疾"

1915年，在上海五马路（广东路）河南中路西首设立亨得利管理处，由应、王、庄三人组成集体领导，制订业务发展规划，分两路发展；一路由应启霖负责，从宁波向杭州、上海等地发展；另一路由王光祖负责，从宁波向南京、天津、北京等地发展。在北京一路上，广设分店，扩大销售。并规定，凡担任经理的可优先享受入股的权利，将商店的经济效益与经营者的自身利益结合起来，这样既提高了有志创业者的积极性，又开拓了资金的来源。为维护创办者的利益，规定每创设一家分店，应、王、庄应占股份30%。1928年，用5万元向哈同洋行租赁上海南京东路广西路口的四开门面成立亨得利总行，管理处就设在楼上。对分、支店管理调度，采用营业统一、经济独立、进货优惠、联保联修的办法扩大业务。1930年前后是亨得利的鼎盛时期，分、支、联号达

■杭州清河坊亨得利钟表眼镜店（20世纪30年代）

■杭州羊坝头恒得利（即亨得利）

■南京黑廊街亨得利

■南京大功坊亨得利

■太原桥头街亨得利公司

■济南二马路亨得利

■1950年杭州太平坊亨得利钟表眼镜行保证书，背面有全国52家连锁店可通用保修

到70余家（包括大明眼镜店在内），成为一家足以与亨达利抗衡，分店遍及全国各地，具有相当规模的大店。

清末，宁波亨得利在杭州清河坊高银巷口开起了第一家分店。1927年改建马路，迁址边福茂鞋店隔壁（今五洲药房对面）。创办人应启霖（应美康之

父）精于钟表业务，是位有远见的创业者。他有一套勤俭治店、热情待客的经验，讲究货真价实，重视修理业务。他聘请修理技术高超的应启棠为"把作"（修理部主任），保证修理质量，恪守信用，约期不误。对损坏严重、无法修复的钟表，对顾客讲明原委，谢绝修理。店内备货齐全，任客挑选，介绍详细，并负责保用。钟一类的大商品，可以送货上门。诚实无欺的商业道德，赢得了顾客的信赖。

当时与亨得利竞争的对手，就是城站美华利钟表店。两家服务对象基本相同，美华利公家生意占多，亨得利个人用户为多。美华利承造机关、学校、大旅社门楼大钟多处，此类工程有极大的广告宣传作用，即使无利可图也不愿放

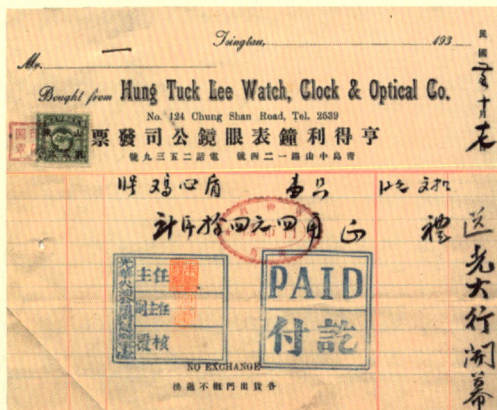

■1923年，青岛亨得利钟表眼镜公司发票

■1934年，上海华德新记钟表眼镜总行发票

239

弃。亨得利也通过关系承接了青年会门楼大钟的安装业务，这是当时杭州唯一的四面能看到的报时大钟，钟楼高耸，钟声响亮。这个工程由应启棠主持。杭州的亨得利在应启霖的治理下，欣欣向荣。

此后，应启霖主持上海管理处工作，由徐诚锦担任杭州亨得利经理。不久徐调往上海总管理处，又派邵庭甫管理店务，后来邵转到上海慎昌钟表店，杭州业务由王士霖接替。王士霖，杭州人，处事谨慎。杭州亨得利历届经理中，以他任期最长，直至解放后去职。

1927年前后，杭州的商业繁荣地区，逐渐由南向北转移，大店、名店都开在保佑坊、羊坝头一带。

1935年，亨得利力图振兴，也从清河坊迁移到羊坝头北首（原杭州医药商场的半间）。店堂宽敞，布置得体，装潢华丽，设计新颖。三面玻璃立柜，店堂中两排克罗米玻璃独立式柜台，地面全由花砖铺成。亨得利这次迁移，是想同亨达利争雄。以两家力量对比，亨得利略胜一筹。但经过一年多时间的商战，亨得利雄风逐渐消失，业务趋向下坡。

1937年"七七"事变后，东南沿海一带风云日紧，杭州各界人心惶惶，工商界都作了"应变"打算。王士霖将大部分商品装运上海，以少担风险、减轻企业负担，暂时遣散职工，商店由李镜芝和勤杂工保护。12月份杭城沦陷，敌伪要维持市面，软硬兼施"劝导"开店复业。李镜芝以"老板不在杭"为托词，拖延开门时日；因敌伪纠缠不休，勉强应付开市。

1945年抗战胜利，亨得利重新复业，由王士霖任经理，俞宏奎为协理，李镜芝为修理部主任。另有会计、修理员、练习生等十余人。当时社会秩序混乱，法币贬值，物价飞涨，亨得利在"限价"时期被抢购一空，损失严重。

至1949年解放时，亨得利的力量已非常薄弱。上海总行对杭州分店无意继续经营，1950年人民政府批准亨得利闭歇。杭州亨得利从创办至歇业共经历了四十多个年头。

■宁波东门二妙春钟表眼镜店（20世纪30年代）

○始创于清·同治元年（1862）○

毛源昌眼镜店

现今的毛源昌眼镜厂由原毛源昌眼镜号发展而来，是杭州地地道道的一家百年老店。

　　咸丰年间，在杭州太平坊有詹志飞开设的詹源昌号，经营玉器和眼镜，后因玉器生意日渐萧条，詹志飞无力维持，詹源昌号濒临破产。其时，有绍兴人毛四发者，靠托盘提篮，沿街设摊做眼镜生意，积累起一定的资产。当他得知詹志飞的处境后，就把詹源昌号盘了过来。"源昌"两字为毛四发所赏识，于是只改了一个姓氏，易"詹"为"毛"，就挂出"毛源昌号"的招牌，此时为同治元年（1862）。

　　毛源昌眼镜号为合伙企业，前店后场。初始，仍以玉器、眼镜两者兼营，后来则专营眼镜。店务委托他人管理。店设经理，经理以下为技师和店员，并招雇学徒。毛源昌号的第二代毛守安去世后，由其学生赵光源、顾叔明等协助其子毛蓉莆管理店务。工人实行计件工资，每磨镜片一只，视镜片的深浅而定，得洋4角至8角；装配片架的工作由店员担任，月薪9元－10元。其经营方式，灵活多样，除在店中接待顾客外，还叫店员提篮托盘上街叫卖，或赴考场兜售，以至送货上门，服务十分殷勤，因此声誉日隆，盈利可观。

　　当时眼镜尚属珍贵之物，只是一些官宦、盐商和木客等有钱人用来装饰、养目之用，市场十分狭窄。眼镜品种也只有铜边眼镜、茶晶眼镜和水晶眼镜。随着时代的发展，眼镜渐趋大众化，不再是少数文人墨客的点缀品。毛源昌为了适应市场的需求，增加品种，除生产传统的铜边、水晶、茶晶眼镜外，还生产科学眼镜，即用玳瑁镜框装配的平光、散光和近光眼镜（即今平光、老花和近视眼镜），毛源昌还以售真水晶眼镜出名。

　　眼镜原料有晶石镜片和科学镜片两种：晶石有蒙古产的水晶和山东产的茶晶；科学镜片都是舶来品，购自德国、美国，尤以德国的最多，如托力克（白片）、克罗克司（变色片）等。那时毛源昌生产能力有限，制作镜片全靠经验，连一只眼表都没有，只能加工少量镜片。

■上左 毛源昌眼镜店"老少咸宜"广告　■上右 毛源昌眼镜行"验光眼镜"广告
■下图 毛源昌"独步杭垣"广告

1927年，毛蓉莆之子毛鉴永至上海兴华眼镜公司学业，三年后回杭掌店，时年19岁。他年轻气盛，大胆革新。几年间进行了一系列改革：

　　一是改革祖辈历来聘请代理人管店的做法，由自己亲自掌握商店的财务权、人事权和经营管理权。

　　二是改变手工作坊操作，购置一些先进的设备。当时近视眼大量增加，近视眼镜的需求大增，原先落后的手工操作方法已跟不上社会需求发展速度。1930年，毛源昌在美国AOC厂订购验光仪一台以及磨光设备一套，从此结束了该号使用脚踏木制砂轮磨镜的时代。在镜片制作上，毛源昌以其技术精湛，质量上乘，被誉为杭城一绝。

　　三是改善服务质量，要求店员和学徒对顾客诚恳热情，童叟无欺。毛源昌眼镜号的镜片都刻有暗号，以作识别。凡店中卖出的眼镜，如遇顾客提出不适，只要不是人为的损坏，一概负责调换修理，服务十分周到，有口皆碑。

　　四是加强宣传，如在《东南日报》、《浙江工商报》、《浙江工商年

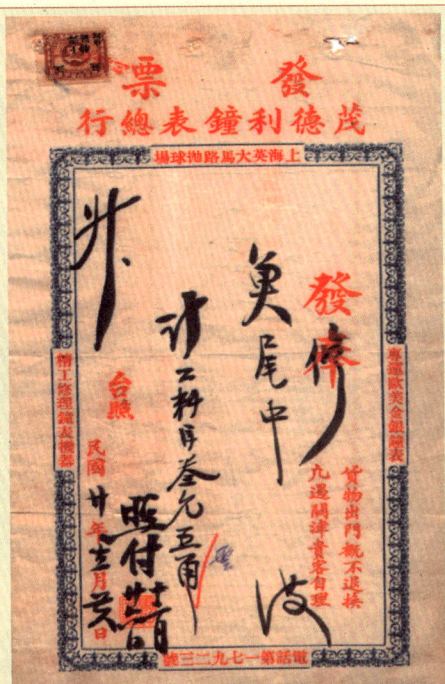

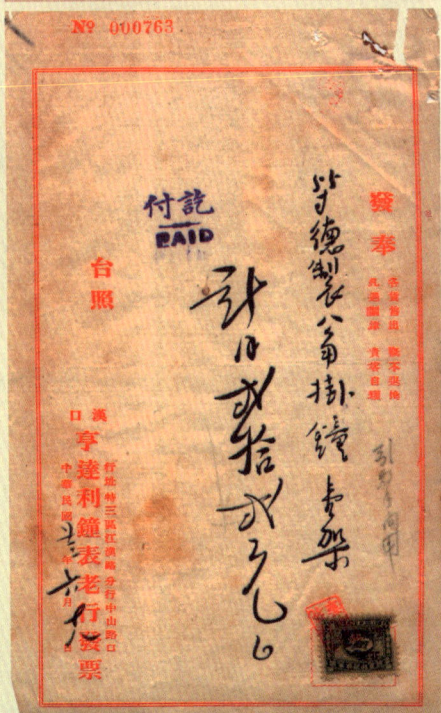

■上　1931年，上海茂德利钟表总行发票
■下　1934年，汉口亨达利钟表总行发票

■湖滨步行街区经过市政府统一规划修建后，2004年9月毛源昌湖滨旗舰店也修缮一新，隆重开张，既给西湖增添一色，又踏上一个更新的发展征程。

鉴》上刊登广告："别家没有的眼镜我有，别家没有的设备我备"，"光线绝对正确，式样自然美观"，"毛源昌验光最准，毛源昌货色最好，毛源昌价格最便宜，毛源昌交货最及时"。因此老少皆知，远近闻名。

五是开展批发业务。毛源昌与各地较小的兼营眼镜的商店建立批零关系，还拥有一批托盘设摊的小贩，每年营业在春、秋两季最为兴旺。

六是职工实行"柜川制"，营业盈利多，大家就提成多，水涨船高，以

鼓励职工的积极性。

　　由于毛鉴永实行了这一系列的改革，毛源昌在激烈的竞争中逐渐登上同行之首。在20世纪30年代初期，它的资产已占当时杭城所有各家眼镜店号资产总额的44%。

　　1937年12月杭城沦陷，毛鉴永将眼镜店迁往金华，当时仅有职工8人，木制脚踏砂轮1台，经营验光配镜。1942年日寇流窜金华等地，毛源昌又迁往松

■卖眼镜

■毛源昌眼镜店擦镜布（20世纪90年代）

溪、浦城、龙泉等地，最后在龙泉立足。每到一处艰苦经营，靠微薄的收入生活。由于战争及生活困难，店员不断减少，商店濒临倒闭。

1945年8月，毛源昌迁回杭州。筹集资本，装修门面。添置部分机器设备，计有磨片车4台，割边机1台；店内设立验光室，专为老花、近视的购镜者验光，以求光度准确。又加强宣传，重新树立商品形象。此时，毛源昌号无论是备货、设备、售价、工艺乃至服务都具备相当实力，为杭城眼镜业（当时有4家：毛源昌、明远、可明、晶益）之首。

1956年，毛源昌号实行公私合营，同年，毛源昌和明远、可明、晶益眼镜店合并，改名为杭州毛源昌眼镜厂，仍设在中山中路毛源昌眼镜号原址。1958年4月，毛源昌眼镜厂改名为杭州眼镜厂。1958年9月，一度被改组为杭州光学仪器厂。至1984年10月，杭州市人民政府决定恢复老字号毛

源昌眼镜厂。

　　1992年杭州毛源昌眼镜厂与新加坡信义光学（私人）有限公司共同出资成立中外合资杭州毛源昌信义光学眼镜有限公司。当时杭城眼镜店屈指可数，毛源昌湖滨门市部是杭城最大的眼镜店。每逢假日，营业厅内人头簇拥，好不热闹。也是"毛源昌"历史中的高潮。

　　"毛源昌"凭着几代人的不懈努力，走过了一百四十多年的风雨历程，是当今杭城生存不多的老字号之一。经历了风雨磨砺的"毛源昌"，在为广大消费者带来光明的同时，正在努力承担历史赋予的重任：使"毛源昌"在新的历史发展进程中继承前辈人良好的经营作风和传统，与时俱进，青春永驻。

■2006年12月，在北京饭店由国家商务部再次重新认定毛源昌眼镜厂为首批"中华老字号"，证书编号：11021。

HANGZHOU 百货篇 BUSINESS

照相业篇

伍

活佛照相馆

西湖天下秀。南宋以来，无数的宫廷画师、文人画家描绘了千姿百态的西湖风情。及至晚清民国，西湖更被喻为天下第一胜景，引得各种流派的画家，竞相展示他们的才华。在照相技术没有发明之前，知名的、不知名的画家为我们传承下图画上鲜活的西湖。而有了摄影技术，杭城百年老字号照相馆中最有影响的是活佛照相馆。

照相技术大约发明于19世纪60－70年代，19世纪末20世纪初，杭城就有了照相馆，不仅为游客拍摄风景、人物照片，而且还将西湖风景汇编成册，制成各种西湖照相集，因为器材先进，加之百年前杭州空气洁净，能见度高，拍摄的照片都很精美。笔者多年来收藏有各种西湖照片数千张，又著有《西湖老照片》一书，也入选《西湖全书》。涉猎杭州老照片十数年，对杭州照相业的老字号当十分关注。

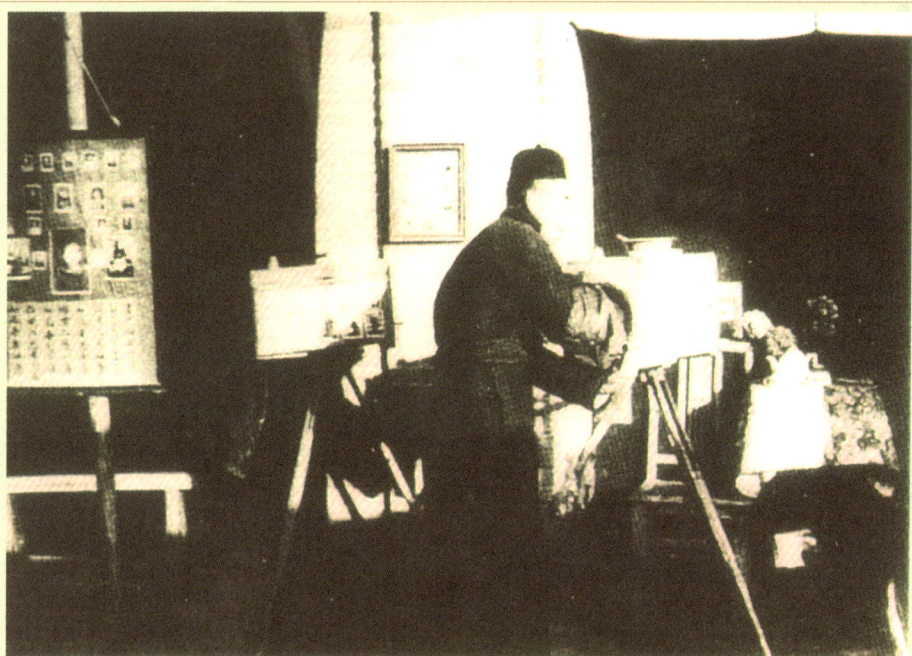

■照相馆（20世纪30年代）

抗日战争前，杭州已有照相店四十余家，抗战后，迅速增加，1946年《浙江工商年鉴》统计有78家照相店，大部分参加同业公会。杭州市照相业同业公会设于仁和路，理事长则是活佛照相馆的老板徐仲甫。

旧时杭州照相业中最著名的是活佛、二我轩、慧光、大华、英华、就是我几家。

开设在仁和路的活佛照相馆在老"大世界游艺场"左面（即后来杭州图片摄影社址），双开间店面，二层楼房，店面上方塑着"济公活佛"，标志很是醒目，是杭城旧时照相业中较大的一家，老板为徐仲甫。

徐仲甫出生于绍兴东关（现属上虞市）镇北徐家塘南旺村的一个农民家庭里，从小父母双亡，由他的堂姐扶养成人，只在私塾里读过两年书，识字不多。他的堂姐夫是个"绍兴师爷"，一向在天津做幕僚，俸入有限，有5个子女，负担不了这么多人口的衣食。恰好隔壁有另一个堂姐夫在上海做鞋匠开了小店，因此在他13岁那年，徐仲甫就被带到上海充当学徒，学习做鞋子。

徐仲甫人虽小，可很机灵，一学就会，一会就精，很得师傅的钟爱；但他不满足现状，觉得做鞋子没出息，想换个行当。恰巧鞋店的隔壁是一家照相馆，正少一个帮手，老板便把徐仲甫挖走，收为学徒，充当杂工。他什么都干，师傅很喜欢他。遇事他抢着干，暗中却钻研照相技术。这样过了三年，他已掌握了照相业务的关键技术；同时省吃俭用，也积蓄了一点钱，就动脑筋想自己开照相店。当时有个名叫长尾甲的日本商人是个中国通，寓居在杭州林木梳巷，经常来沪兜售照相材料。日子一久，就认识了徐仲甫，他见徐为人忠厚老实，做事又机灵活络，并且了解到他想开一个照相馆，因此劝他去杭州开创事业，并答应可以帮助他。就这样，徐仲甫离开了上海，来到杭州。

　　那时杭州城墙尚未拆除，湖滨一带还是旗下营的营地，没有商业市场，因此徐仲甫先在梅花碑开了活佛照相馆，营业对象是浙江师范学堂学生的报名照片。那时照相用的材料是白金纸，要用日光曝晒，底片是玻璃，设备异常简

■活佛照相馆《人物》（20世纪20年代）

■活佛照相馆《母与子》（20世纪20年代）

■活佛照相馆《人像》（20世纪20年代）　　■活佛照相馆《人像》（1951年5月26日）

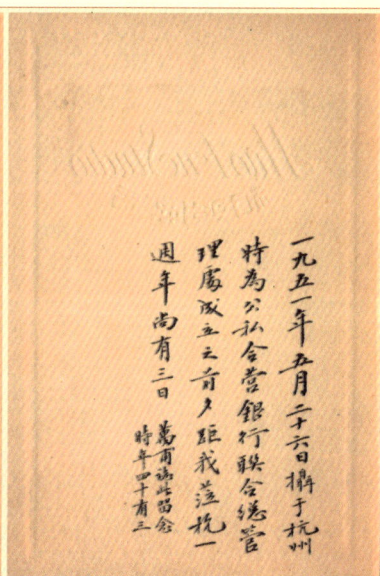

陋，拍一张照片，需要一两分钟，限制了业务的发展。幸而长尾甲帮忙，给他买来了法国产的照相机，于是在活佛照相馆里摄的照相，一般要比别家清晰。同时徐又肯花苦功，凡是来照相，他都亲自拍摄，不假手学徒。样照出来了，他要仔细看过，有不显光的地方，他要认真仔细地修过，自认为满意才交付顾客。如果顾客不满意，他就重新拍过，不再收费。由于他坚守信用第一、质量第一的信条，不久就获得了顾客的信任。

沪杭路通车后，城站地区的商业缓慢地发展起来。徐仲甫紧跟形势，预感到城站的市场将日趋繁荣，1909年左右，在城站影戏院附近的一条街上又开设了一间活佛照相馆。城站的营业当然比梅花碑好得多，由于徐仲甫坚持自己照相，相片出店又亲自过目，一个人要管两处业务有困难，因此不久就关闭了梅花碑的老店，专管城站的业务。

幸亥革命之后不久，拆除城墙，改建马路，旗下营改称旗下，开辟了新市场。徐仲甫这时已积蓄了许多资财，就在仁和路买地建造了两间楼房，又开设了新的活佛照相馆，不论在店面装潢上，还是店内设备上，在当时都属第一流，已稳执杭城照相业的牛耳。店里的从业人员也多了，他的得力助手王松

When buying
FILMS *it is best to*
ask for ISOCHROM

當君購矮克發軟片時最
妥者莫如問伊速固軟片

Agfa

HUO FU STUDIO
活佛照相舘
HANGCHOW
杭州西湖仁和路

Note the difference in speed and colour value!

This picture was taken on an Agfa ISOCHROM FILM with F.7.7 lens.
此圖為用矮克發伊速固(Isochrom)軟片所攝。光圈為F.7.7.

Agfa

■杭州西湖仁和路活佛照相馆矮克发软片袋

泉、陈明达及学生沈斌奎等都能独当一面。于是，他便专管对外业务，如机关团体的长片照，无论路途远近，他必亲临现场拍摄。1929年举办的西湖博览会、全国第一次运动会、全省武术大会等大型场面，都是他亲手所摄。杭州近郊各县如萧山、富阳等处的机关团体照，须事先预约，之后由徐携带工具前去拍摄。由于他的技术高超，服务周到，质量过硬，牌子越做越响，几乎所有机关团体的长片都被他一手包揽。到了后来，他又委托上海千代洋行经办照相器材，无论照相或软片等，都是柯达的名牌货。冲洗照片，也改为利用灯光黑房。用料既精，设备又好，质量有保证，因

257

■1929年西湖佛国（即活佛）照相馆的广告

■飞来峰活佛照相馆《人像》（20世纪20年代）

此业务兴旺发达。

　　徐仲甫见照相业务只要信誉好，营业旺，便能赚钱，于是又在现解放路浙二医院附近的新民路开设了一家天福照相馆，给他妻弟王某管理经营，但照片冲洗以及成品出店，他亦必按件仔细看过。因此他每天在城站、新民路、新市场来回奔走，日久天长，自知精力不够；同时新市场一带因接近西湖，游客众多，特别是每年春季的香汛时节，生意格外兴盛，因此把重点放在湖滨。先关闭了城站老店，三个据点改成两个。后因妻弟不善经营，天福照相馆无利可图，于是又将"天福"转租给别人。

　　活佛照相馆未开之前，杭州已有几家照相馆很有名气，最早的有城隍山上的月镜轩照相馆公司，辛亥革命后孙中山先生于1916年秋天莅杭，曾在该公司摄影留念；其次是寄庐照相馆，为四川人李某经营，后迁湖州营业；涌金门的二我轩照相馆，则是余寅初创设的，资力雄厚，雄踞湖滨；还有李问慈在三桥址直街开设的镜花缘照相馆。都是活佛照相馆的劲敌，彼此竞争十分激烈。在这群雄争逐中，最终只剩下"二我轩"、"镜花缘"、"活佛"三家，但已黯然无色，无力与"活佛"竞争，徐仲甫的活佛遂成为杭州照相业的老大。

　　20世纪30年代，徐仲甫风闻"大世界游艺场"将改建门面、扩大营业范围，恐碍及"活佛"的场所，对业务带来不利，马上买进了延龄路（今延安路

■1929年的杭州英华照相馆

人民洗染店的地址）的两间楼房，改建为三层楼，准备必要时迁址营业。嗣后抗日战争爆发，"大世界"的计划未获实现，"活佛"也就原地未动。

原先徐仲甫的得力助手已先后离开"活佛"自创基业，如王松泉在延龄路开设了大华照相馆（即现在延安路的大华照相馆），陈明达也在延龄路开设了慧光照相馆（即现在的杭州照相馆），由于他俩在"活佛"工作多年，熟知徐仲甫的营业方针，也以"活佛"的营业作风招徕顾客，结果形成了三雄并峙鼎足称雄的局面，直到杭州解放。

徐仲甫曾先后三次担任杭州市照相同业公会的理事长。他言传身教，先后培育了三十多位学生，日后都成为了摄影能手。

○始创于清朝末年○

二我轩照相馆

清末，开设于涌金门外，后迁至城站，最后定址于教仁街103号的二我轩照相馆，历史比活佛照相馆还早。它拍摄、销售了历史上第一批西湖风景照片。二我轩照相馆于1953年歇业。

■1931年6月9日，延龄路英华照相馆《游灵隐摄影》

二我轩照相馆创始人余寅初先生，生于1878年，1931年过世于杭州积善坊巷云阁堂。余子有生继承父业，在仁和路另开一照相馆，名留芳。余有生育有子女九人，长子余铁华继承家业，祖父死后不久，他即接手了二我轩照相馆。1953年二我轩关闭后，余铁华到清泰街摆摄影摊为业。1963年由余铁华发起联络另两位个体摄影户，又在延安路开了一个照相馆，初名二我轩，后更名立新照相馆，为集体所有制。1974年余铁华退休后，仍返聘为技术指导。

二我轩拍摄的风景照相精美，拍摄人物肖像逼真，饮誉杭城。民间婚娶、政府机关人物照都以在二我轩拍摄为荣。据余铁华回忆，1912年12月9日，孙中山首次莅杭时，曾在二我轩拍过一张着西装全身照。抗战逃难后返杭，他还见到过这张照片底片。据余寅初的孙女余贞廉回忆，清末同盟会人也常光顾，她在账簿上亲眼见到过陶成章和秋瑾等人的姓名。

261

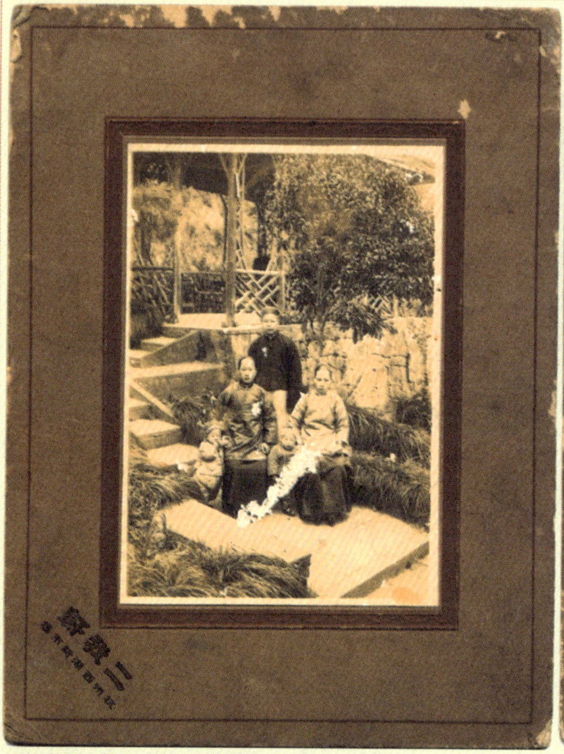

■西湖新市场二我轩《家庭照》（20世纪20年代）

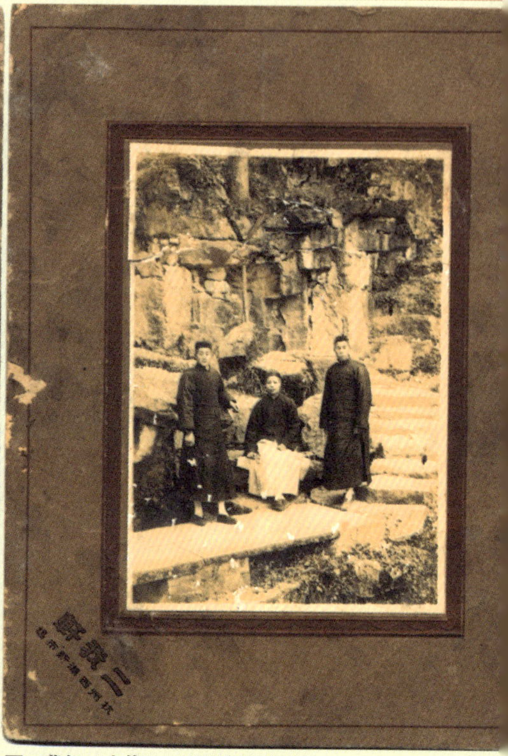

■二我轩《人像》（20世纪20年代）

杭州

二我軒照相

電話第一百五十一號

本館開設西湖新市場花市路

赴巴拿馬萬國賽會獎最優等金牌

赴中國南洋勸業會獎最優等金牌

西湖二我軒照相

貴品咪紙照像

西湖景價例

長片照像價目均用咪紙

電光放大價例

冲洗軟片不取分文
同業公議概無折扣
出門照相均加二成

花色繁多不及細載
取回相底照添印算
快鏡軟片各色俱全

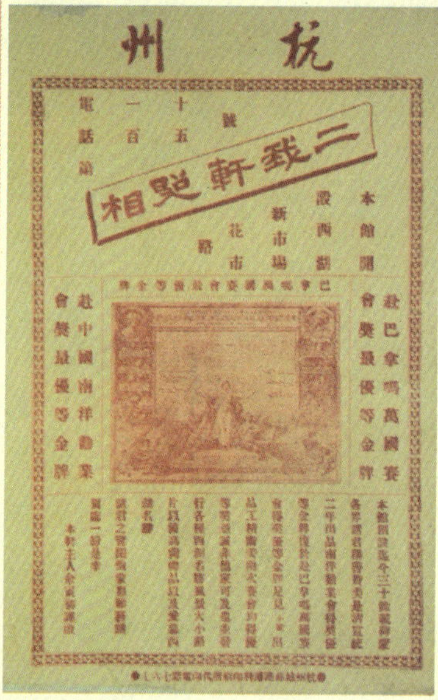

■左 杭州西湖新市场花市路，二我轩照相馆包装广告，有店主余寅初的广告词，称在南洋劝业会、巴拿马赛会获最优奖，并展示其巴拿马赛会奖状 ■右 西湖二我轩照相馆价目表

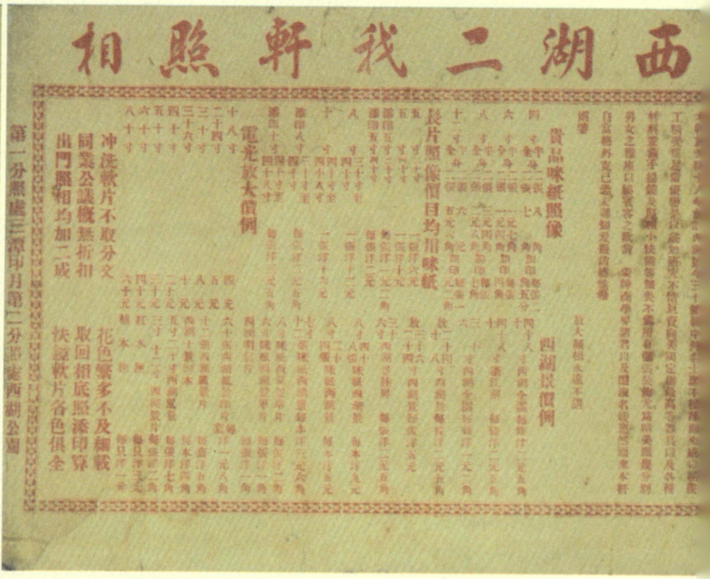

■二我轩照相馆《小瀛洲》（20世纪20年代）

■左　邮电路二我轩照相馆旧址　　■右　延安路1963年开张的"二我轩"，后更名为"立新照相馆"

　　二我轩照相馆在1915年巴拿马赛会曾获金奖，1929年西湖博览会上也获优
等奖状。

○始创于清朝末年○

就是我照相馆

杭州回民孙家开设的"就是我"照相馆始于清末民初，与当时的"月溪"、"二我轩"同是杭州摄影事业的创始者之一。回民孙松庭在广州学习摄影技艺后，在杭州城站闹市开设了"就是我"照相馆（杭州火车站广场西北面）。该店设备完善，主机进口，备有布景和彩色灯光的摄影室以及冲洗、放大、描修、暗室等。还设有接待休息室、化妆室，装有电话机，号码是580。由于苦心经营，因此事业兴旺。

■杭州国光影社出品西湖风景照相盒（20世纪40年代）

　　"就是我"注重技术，早在抗日战争前就培养了摄影师三十余名，其中回民占70%以上，如喻镜兴、顾培生、马文元、马星武等。其中汉族张志祥、蒋国兴等都早已成为杭州照相业的前辈，他们为发展杭城的摄影业作出了贡献。日寇侵华轰炸杭州城战时，"就是我"不幸被毁。抗战胜利后，孙家在杭州回民兄弟及凤凰寺董事长张寿伯的支持下，复建了"就是我"。从孙松庭传子孙斌，又续传孙子孙传钦，解放后，经社会主义改造，"就是我"成为国营照相馆。后迁至杭州菜市桥青春街203号，经理沈井沆也是孙家的艺徒。

杭州老字号系列丛书

百货篇

"就是我"名字的来源，是孙松庭在衙门做文书之类的差使时，在理案过程中看到有一人多次作案，不时出没，进行犯罪活动时像有数人在分别犯案，一旦侦破，原来是同一人所为——就是他也。由此想来任何人自幼至老可拍摄各种形态的照片，但其真实面貌始终如一，就是我也，故取名"就是我"照相馆。"就是我"拍摄的照片不计其数，为西湖博览会摄过影，为历史名人留过像，特别是民国十八年（1929）杭州凤凰寺原始大门、门楼、门厅、望月楼等古建筑要被拆毁时，孙斌赶赴现场拍摄了六幅照片，真实记录了有一千多年历史的凤凰寺最精华的古建筑。现存四幅珍品，由凤凰寺收藏。

六幅照片问世后，引起了各界关注，特别关心凤凰寺的是广大回族穆斯林民众。民国二十一年秋，由回族贤达马君主持，对此六幅照片进行复摄，并在上述

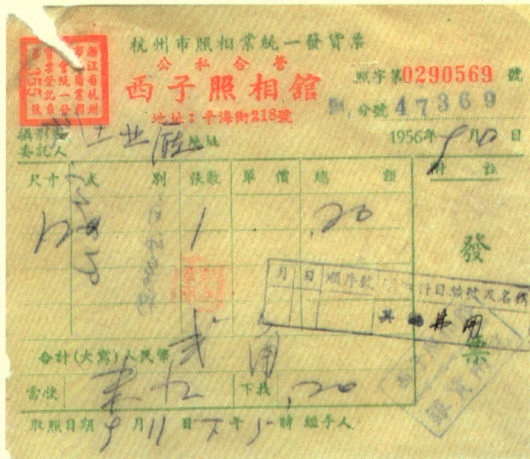

■上　1935年杭州湖滨大马路维新照相馆发票
■下　1956年公私合营西子照相馆发票

266

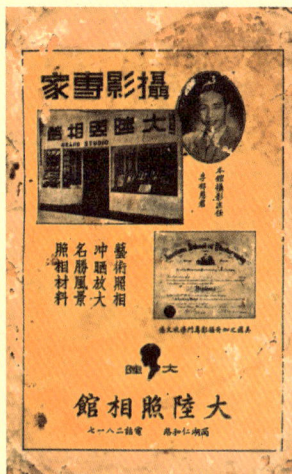

■左 1935年《东南日报-献给儿童的父母》封底，仁和路大陆照相馆广告
■右 杭州新民路真光照相馆《家庭照》（20世纪20年代）

第一幅照片首部题词，全文如下："此影为杭州凤凰寺原建大门及望月楼古址，庄严伟大，历史相传均未一遭毁损。民国十八年杭市政改筑马路，工务局令将大门拆让。再三交涉，仅以相差数寸，未获保留原状，遂使古迹淹没不存，良深慨叹，受将该影重摄六籍，以留永久之纪念；马。民国二十一年秋月。"这些题词明确记述了照片的历史意义和凤凰寺的历史价值。1935年10月30日《文华》画报第三十期封里刊印的被毁凤凰寺大门、望月楼的照片，即为上述第二幅和第四幅。

■1952年英华照相馆发票

后　记

　　悠悠百年，杭州作为近代中国改革开放前沿阵地长三角地区的重要城市，商家店肆林立，百年老店辈出。杭帮商品着重品牌，重视质量，产品营销大江南北、长城内外，经上海远渡重洋，进入欧美，饮誉中外。杭州老字号商家旧时艰难创业，惨淡经营，在没有硝烟的市场竞争中依靠诚信，打出品牌，犹如一幕幕威武雄壮的话剧，是杭州弥足珍贵的文化遗产。

　　《杭州老字号系列丛书·百货篇》，在主编吴德隆先生的精心策划下，承前启后，注重于以实物依据凸现老字号的特色挖掘，图文并茂，以图取胜，如"五杭"之首的杭线写出了张允升线号，自晚清民国以来雄踞杭沪线帽市场之种种；而杭烟鼻祖宓大昌，则着墨于杭州并不产烟叶，但精工细作的杭烟都已营销全国十数省市；杭剪，则凸现张小泉的品牌战；杭粉，则写出了孔凤春粉号光绪三十四年（1908）的商标官司是中国首例商标官司；杭扇，除了着墨于舒莲记、王星记扇庄外，主要挖掘王星记扇庄后来居上成为"中国扇业之王"的历史……凡此种种，围绕主题，不重文字之华丽，尽现以实物依据讲话，是本书之特色。

　　在这部小书即将付印之际，特别感谢多年来支持我勤奋写作的西子联合控股有限公司王水福董事长，感谢多年来支持我积累资料，潜心研究写作的老领导马时雍、安志云、何关新、高乙梁、来坚巨、褚加福、洪航勇、程春建、陈海群、胡永林先生，浙江图书馆朱海闽馆长、贾晓东副馆长，浙图古籍部童正伦主任、张素梅副主任，杭州图书馆褚树青馆长、特藏部王天梅主任，余杭图书馆李新华馆长、任晴副馆长、徐松娟女士，敞开库藏，辛苦陪摘，为本书提供大量资料，在此特别致谢。老字号协会的丁惠敏、路峰、张中强、陈婉丽、徐敏、戴伟领等同志反复校勘、排版，为本书生色，责任编辑李晶小姐不厌其烦、只字推敲，确保质量，一并致谢。

2008年1月

○杭州老字号系列丛书○

编 后 记

　　《杭州老字号系列丛书》在市政府以及社会各界人士的关心和支持下，历时两年余，终于编辑完成。

　　在这两年多时间里，《杭州老字号丛书编委会》编辑部人员也随着杭州老字号事业的振兴而共同成长，也深深地感受到了杭州老字号自强不息、奋力拼搏的激情和精神。现在的杭州老字号，它们都经历过历史岁月的洗礼，特别是在全球经济一体化的今天，杭州一些老字号取得了巨大的成功，它们雄风依旧，蜚声四海，还有很多老字号在新的经济形势下，调整整合，取得了良好的经营业绩和奋发向上的态势，我们看到了杭州老字号在改革开放中发生的历史性变化。

　　这套丛书的编辑出版，它的历史意义是在于对杭州老字号的历史脉络进行较为系统的梳理，得以对以往岁月中发生的人和事，有一个具体形象的描述；发掘鲜为人知的故事和珍贵的历史老照片，使读者有个全面的了解。它的现实意义就

CHINA TIME-HORORED BRAND

是对弘扬民族品牌，促进经济发展和保护百年金字招牌，传承和保护非物质文化遗产，等等，会起着积极的作用，并且用图文并茂的形式留住杭州老字号物质和精神的财富以及它们的非物质文化遗产。

《杭州老字号系列丛书》共分六个篇章，对杭州老字号作了详细、客观的系统介绍。

在编写这套丛书的两年多时间里，我们看到杭州市人民政府为杭州老字号的振兴和发展提供了一个很好的环境，杭州老字号也在这个环境中茁壮成长，这也是杭州市委、杭州市政府打造"历史文化名城"战略的其中之部分，杭州市政府出台了一系列振兴老字号的政策和举措，在全国率先推出《杭州市中山中路历史街区的保护规划》，为全面恢复保护杭州老字号和传统行业进行了法律形式的保护，各项振兴老字号的政策正在执行之中，并正在建立国家级的刀剪、扇业、伞业博物馆，2007年又在全国省会城市中第一个成立了"杭州市振兴老字号工作协调小组"，对杭州老字号事业的振兴和发展有了统一的认识和具体的领导，这也使杭州老字号坐上了开往春天的地铁。杭州老字号在国家商务部认定的首批"中华老字号"称号单位中的数量也是全国名列前茅。

杭州老字号企业协会为杭州市老字号的振兴和发展付出的巨大心血和努力。

杭州老字号企业协会是全国最早成立的老字号协会，协会成立以来以高度的历史使命感，不断地推动老字号事业的振兴，使杭州老字号工作走在全国的前列，被国家商务部评为全国中华老字号工作先进单位，一年一度的"中国中华老字号精品博览会"，为全国老字号搭建了展示百年风采的大舞台，年年有特色，届届有精彩，成为全国老字号的盛会。在2007年又帮助杭州中华老字号以崭新的姿态，参加日本东京"浙江省中华老字号日本展"，首开老字号走出国门之先河，面向国际展示了中国百年品牌的魅力；抢救杭州老字号的非物质文化遗产，宣传保护振兴老字号事业，为做大做强杭州老字号事业付出了艰辛的努力，也获得了卓越的成效。

改革开放30年以来，中国发生了历史性的巨变，杭州老字号的发展迎来了春天，杭州老字号也更积极地融入到了中华民族伟大复兴的滔滔洪流之中。

在本套丛书出版之际，我们衷心感谢中共浙江省委常委、中共杭州市委书记王国平同志在百忙之中为《杭州老字号系列丛书》作序，并深深地表达了他眷爱杭州、建设杭州之心；感谢世界著名历史地理学家陈桥驿教授为此书写的智慧之语，也感谢胡庆余堂、民生药业、方回春堂等中华老字号的帮助和支持；感谢为

CHINA TIME-HORORED BRAND

此套丛书提供大量宝贵的历史史料和鲜为人知的历史照片、图片的老字号单位和个人；感谢作者赵大川、仲向平和宋宪章先生为了编写此书的不辞辛苦和无私奉献；感谢各学科的专家学者对丛书出版提供的知识支持；感谢浙江大学出版社的支持。

在《杭州老字号系列丛书》的编辑过程中，也得到了像葛许国这样很多的热心朋友的关心，杭州老字号企业协会和杭州市贸易局从选题策划到编辑出版付出了巨大的心血。

杭州老字号作为杭州工商业的精华和代表，作为浙商的组成部分，作为杭州的城市名片，其悠久的历史，深厚的文化底蕴和诚信立业的经营理念，远不是这套丛书能够全面涵盖和叙述的，其中难免有不足之处，敬请读者赐教。

杭州老字号丛书编辑委员会

2008年3月16日

○杭州老字号系列丛书○
专家感言

　　在中国，一向"重农轻商"，视商为贱。改革开放以来，在市场经济中，由于道德规范的错位与失落，商业行为的混乱和欺诈，对从商经商，创新产品，开拓市场，利国利己的商海拼搏，还仍然在理念上降格、在品位上看低。为了在今天的社会转型期，尽早改变这种落后的、不合时宜的观念，浙江省老字号企业协会和杭州市老字号企业协会，在省、市经委和杭州市贸易局的领导与策划下，在会长冯根生、秘书长丁惠敏等的积极倡导与艰苦努力下，为继承与弘扬老字号企业的优良传统做了很多工作，特别在组建机构、发展事业、调研立法、举办论坛、精品展览、出版书刊和保护品牌等方面，取得重大的进展和突破。

　　以前，关于"老字号"的一些书，往往忽视和看轻人物的作用和成就，对于他们的贡献和影响，总是略而不提，或者语焉不详。由于我国的传统向来不注重事物的起源和来历，对它的创始者特别是那些名不见经传的无名氏和小人物，不是忽略不计，便是有意无意地归功于荒古不可知之人，或说"上苍的旨意"，或说"神人、仙人的赐予"，或说"某种意外的巧合或突然的灵感"，等等。许多名、优、特产品，几乎都没有真正的创始者和发明人，人们要向他们学习和效法什么，也都不十分清楚。所以许多前辈先人的宝贵经验和知识积累，便在无形中被湮没和失传了，这是十分可惜的。

　　编印这套丛书的宗旨，是要抢救这一笔巨大的物质和精神的财富和遗产，让

它们永远在我们这一代人手中"定格"，让我们的后代子孙，一走进我们的"老字号"，便能懂得我们的先辈创业的维艰，守业的不易和拓展的困难，从而学到他们的精神品德，发扬而光大之。

这套丛书的主要特点是："树人存史保传统，自主创新谋发展"。下面几点应引起我们的高度重视：

一是发掘和彰显创业者和掌门人的"以商兴民"、"以商兴国"的理想。商战是人生的大舞台之一，它最为惊心动魄，也最是波澜壮阔。在商战中也最能表现一个商人的思想、性格、谋略和才干，所以这套老字号丛书与众不同的最突出的特点，就是要表现商人的心灵世界和道德风尚。有不少资料表明，中华老字号之所以百年兴旺，长盛不衰，就因为创始者和掌门人善于驾驭风云变幻的商海竞争。这种竞争不仅出现在商家与商家、商家与家族内部，而且还出现在商家与达官贵人、商家与朝廷官府等极不相称的势力之中，甚至要与土匪、盗贼、兵痞、强人等这些不讲商家规则的势力反复斗争，与那些胆小怕事、见利忘义的胆小股东反复周旋，此外也要与商场中那些司空见惯的恶习譬如欺诈、蒙骗、以邻为壑、互设陷阱、大鱼

吕洪年 教授

吕洪年，1937年2月出生，浙江省新昌县人。现为浙江大学人文学院教授、浙江大学浙江省非物质文化遗产研究基地学术委员会副主任。并应聘任《中华老字号》杂志社学术指导委员、杭州市和浙江省非物质文化遗产保护工作专家库专家。先后出版论著5种、作品集6种。代表作有《江南口碑——从民间文学到民俗文化》、《万物之灵——中国崇拜文化考源》等。有评论称："文献、考古、口碑互参互证，把口碑引入与考古、文献并列研究的范围，迈出了一条学术新路"。

吃小鱼等等展开既聪敏机智而又有弹性的斗争。一个商人如果不抱有爱国救民的理想，决不可能九死一生地坚持到底，一转念便可放弃这种担惊受怕的日子而"解甲归田"过起"采菊东篱下，悠然见南山"的怡然自得的田园生活来。所以一般老字号的领头人物，不是奇才便是精英。他们有的既是老板，又是慈善家。我们在编纂过程中，以人为本、发掘不同个性、不同经历、不同身世、不同成就的企业家，从而组成了一个前所未有的"人物长廊"，以激励千千万万的后继者。

二是发掘与弘扬儒商的"仁义"品格和"共赢共利"的观念。中国的商人一般有点文化，不但能识字断文，有的还能赋诗作对，他们受儒家传统道德的教化和熏染，即使在激烈的商战中，也还遵循"过犹不及"和"穷寇勿追"的人生智慧、处世谋略和以"仁义"为代表的浓厚的传统道德意识。例如有的老板，在发迹之后，并不"一阔脸就变"，他们奉行"糟糠之妻不下堂"，对结发妻子的爱情始终不渝。有的老板始终充满仁爱情怀，奉行"滴水之恩涌泉相报"的信条，对自己手下的雇员和工人实行"以人为本"的管理思想；有的老板在竞争中想方设法一定要战胜对方，然后却不把对方逼上死路；有的老板奉行"不打不相识"的江湖义气，即使是自己的对手也能最终宽容大度而成为朋友和合伙人。总之，我们在发掘史料、把握人物特点时，深入他们的心灵，对他们所作所为的思想文化背景，入木三分地加以领会和把握，在文字和图片两方面相配合加以简洁而形象地表现。

三是发掘、弘扬与推广"以德经商"、"团结经商"的理念和作风。以德经商所包含的内容很丰富，但其中的核心思想仍然是中国传统的"勤劳致富，正道赚钱"。无论过去和今天，有多少人由于生活在穷乡僻壤，一时难以改变贫穷落后的面貌，便只好背井离乡，外出打工和经商，走南闯北，凭着自己的聪明才智和勤劳节俭，养家糊口，并日积月累，才慢慢地发家致富。所以过去的很多商人，并非在

左倾时代所称一概都是"奸商",相反,他们中不乏诚实忠厚者,受过"仁义礼智信"的熏陶而具有一定的儒者气质。以德经商,还有一项重要的内容就是团结经商,特别注重同乡、同行、同业的团结互助,而不互相倾轧,力做"霸盘"。俗云:"一株独放不是春,万紫千红春满园"。个人的发展往往是与群体的发展密切相关的,中国商人注重危难时的互相扶持,更注重孤立与铲除害群之马。此外,以德经商还有一项重要内容就是"诚信经商"。过去在旧社会有句老话,就是"在家靠父母,出门靠朋友",抱着"诚信为人,正道成事"的信念,才能在闯荡江湖时不受或少受挫折。所以成功的老板,往往都有健全的人格,不论遇到何种情况,即使身陷绝境,也都不会做出有损人格的行为。有许多资料表明,不论京商、晋商、闽商、徽商和杭帮、宁波帮,都有大仁、大义的典范人物,他们有的外形狂放而心地宽阔,而有的更重主仆之义和朋友之道,有过不少以"义"相待和以"诚"相待的动人故事。这些,都是我们这套丛书所重点展示而富有传统商业文化特色的内容。

我相信这套老字号系列丛书,一定会在继承与弘扬中华老字号优良传统、发展与创新新时期商业文化的过程中,起到积极的作用。

2008年1月 于浙江大学人文学院

图书在版编目（CIP）数据

杭州老字号系列丛书.百货篇 / 赵大川著. —杭州：浙江大学出版社，2007.6
ISBN 978-7-308-05362-4

I. 杭… II. 赵… III. ①工商企业－简介－杭州市②百货商店－简介－杭州市 IV.
F279.275.51 F727.551

中国版本图书馆CIP数据核字（2007）第080915号

责任编辑　李　晶　钟仲南
封面设计　路　峰
美术编辑　清　风　张中强
图片编辑　张中强　戴伟领

杭州老字号系列丛书·百货篇

赵大川　著

出版发行　浙江大学出版社
　　　　　（杭州天目山路148号　邮政编码　310028）
　　　　　（E-mail：zupress@mail.hz.zj.cn）
　　　　　（网址：http://www.zjupress.com
　　　　　　　　　 http://www.press.zju.edu.cn）
印　　刷　杭州杭新印务有限公司
版　　次　2008年5月第1版
印　　次　2008年5月第1次印刷
开　　本　787mm×1092mm　1/16
印　　张　18.5
字　　数　380千
书　　号　ISBN 978-7-308-05362-4
定　　价　88.00元